la alegría de decir no

la alegría de decir no

natalie lue

Rocaeditorial

Penguin
Random House
Grupo Editorial

Título original: *The Joy of Saying No*

Primera edición: marzo de 2024
Primera edición en México: marzo de 2024

© 2022, Natalie Lue
Publicado mediante acuerdo con Folio Literary Management, LLC
e International Editors' Co.

D. R. © 2024, derechos de edición mundiales en lengua castellana:
Penguin Random House Grupo Editorial, S. A. de C. V.
© 2024, Roca Editorial de Libros, S. L. U.
Travessera de Gràcia, 47-49. 08021 Barcelona
© 2024, Elena Preciado Gutiérrez, por la traducción

Printed in Spain – Impreso en España

ISBN: 978-84-10096-04-2
Depósito legal: B-763-2024

Compuesto en Grafime Digital, S. L.

Impreso en Liberdúplex
Sant Llorenç d'Hortons (Barcelona)

RE 9 6 0 4 2

Para Emmon, Saria y Nia.
Cada día me recordáis la alegría
y el regalo de decir no.

Índice

Introducción

Encuentra tu alegría, encuentra tu *no*

Soy Natalie Lue y soy una complaciente en recuperación. Para mí, suprimir y reprimir mis necesidades, deseos, expectativas, sentimientos y opiniones para tratar de influir y controlar los sentimientos y comportamientos de otras personas era tan natural como respirar. Pensaba que era normal decirle a la gente lo que quiere oír (léase: mentir) para que se sienta mejor. Creía que estaba cumpliendo los requisitos para ser una buena persona al ser amable, generosa, trabajadora, concienzuda, cariñosa, deseosa de ayudar, atractiva e inteligente, y al hacer lo que los demás necesitaban y querían. Aunque me desconcertaba que, bueno, me sentía como una mierda la mayor parte del tiempo. No tenía sentido para mí dedicar tanto tiempo, energía, esfuerzo y emoción en tratar de hacer lo correcto (ser una buena chica), asegurarme de que los demás estuvieran contentos y sacrificarme, pero no sentirme bien.

Evité decir un *no* en ocasiones de emergencia en las que tuve la espalda contra la pared, lo expresé de una manera tan arrepentida que sugería que estaba haciéndolo mal, o lo dije de manera tardía en una explosión de ira y frustración reprimidas. Pensé que decir *no* porque querías, ya fuera por necesidad, deseo, incluso obligación, era algo que hacían otras personas; ya sabes, los que se habían ganado ese derecho con su valía. Esto significaba que por lo normal firmaba, sellaba y pronunciaba un *no* con dolor, ansiedad, culpa, resentimiento y vergüenza.

Una mañana de principios de agosto de 2005 descubrí que *podía decir* no *solo porque quería*. Ese día en particular, me senté en la consulta de la clínica pulmonar de un hospital del norte de Londres, preparada para las malas noticias que sabía que se avecinaban. Durante dieciocho meses, entré y salí de varios departamentos, a veces semanalmente, para hacerme radiografías de tórax, pruebas de función pulmonar, análisis de sangre, tomografías computarizadas y pinchazos generales después de que me diagnosticaran una misteriosa enfermedad del sistema inmunológico (sarcoidosis) que casi me dejó ciega de un ojo y me convirtió en una experta en ocultar dolores articulares severos. Unas semanas antes, mientras estaba de vacaciones en Egipto celebrando el final de un año de tratamiento agresivo con esteroides, me encontré un bulto en el cuello que indicaba que la enfermedad había «regresado». Ahora sabía lo que se sentía ser el personaje de Jamie Lee Curtis en las películas de *Halloween* pensando que Michael Myers se había ido solo para reaparecer y destruir las vidas de todos de nuevo.

> ... el tratamiento con esteroides no ha funcionado... Como sabes, no sabemos qué lo causa y no existe cura, por lo que necesitarás tomar esteroides de por vida... Es fundamental que empieces de inmediato... Evita la insuficiencia cardiaca pulmonar a la edad de cuarenta años... no hay otras opciones... preservar la movilidad...

Acababa de cumplir veintiocho años y cuando la voz de mi doctor se volvió monótona, me di cuenta: estaba enferma desde hacía al menos dos años y, aunque entendía que mi enfermedad era grave, había hecho lo que me dijeron los médicos y mi enfoque fue estar al servicio de todos los demás incluso cuando no quería estarlo.

Ejemplos de complacencia y abandono de mí me pasaron por la mente. Había decidido no «cargar» a mi familia con «demasiada» información sobre mi enfermedad porque sabía que no podían manejarla (y sus actitudes, incluido el hecho de estar más preocupados por cuánto peso había subido con el tiempo debido a los esteroides, me estresaban). Mi jefe y mis colegas desconocían el alcance de mi enfermedad porque había decidido actuar como si no estuviera enferma y compensar cualquier «inconveniente», como consultas y ponerme esteroides en el ojo cada hora, con alto rendimiento. Comenzaba el día gritando de agonía y, cuando salía del metro y entraba en la oficina, aparentaba calma.

Por eso, cuando momentos después escuché un *no* (resonante, sin remordimientos y decidido), miré a mi alrededor para ver quién lo había dicho. La expresión de confusión e irritación en el rostro de mi médico dejó claro que había sido yo.

Por lo general, me sentiría ansiosa por decir *no* a una «autoridad» y parecer «difícil», pero ese sentimiento no apareció. El miedo a morir a los cuarenta años superaba con creces la posible incomodidad que solía sentir en los demás cuando siquiera contemplaba la posibilidad de decir *no*, y mucho menos verbalizarlo o demostrarlo. Me di cuenta de que nadie vendría a salvarme. Era mi responsabilidad tomar decisiones y cuidarme.

Entonces les expliqué que, como no sabían por qué tenía la enfermedad y era claro que los esteroides no resolvían nada, iba a explorar otras opciones. Me reiteró todo lo que ya había dicho, menospreció las alternativas y me dijo que no tenía ninguna opción.

Habría sido fácil dar marcha atrás y luego pasar los siguientes meses, incluso años, pensando en silenciarme. En cambio, dije: «He escuchado todo lo que me ha dicho, pero aun así voy a explorar otras opciones». Prometí asistir a todas mis consultas y que si no veían mejoría en tres meses comenzaría un tratamiento con esteroides. Pero eso nunca sucedió.

Ocho meses después, mi enfermedad incurable estaba en remisión, había comenzado a reformar de manera radical cada área de mi vida y estaba en una nueva relación con mi actual esposo. Sí, empleé algunas terapias alternativas (kinesiología y acupuntura), pero escuchar el término «límites» poco después de esa cita fue lo que cambió (y salvó) mi vida. Durante los diecisiete años transcurridos desde ese fatídico día, una y otra vez, la solución a casi todas las luchas y problemas ha demostrado ser la misma que en aquel entonces: acoger la alegría de decir *no*.

Cuando dije *no* en la consulta del médico, no había tenido ni una sola relación romántica sana. Incluso mis citas se convirtieron en encuentros tóxicos en los que, debido a la racionalización de un comportamiento inapropiado o al sentimiento de culpa por mi falta de interés, continuaba experimentando violaciones y/o ascendía a la persona a «novio». Gracias a los problemas con mis padres derivados del abandono, la crítica y el caos, estaba en un ciclo constante de drama familiar y estaba agotada en el trabajo, incluso con algunas amistades. Me odiaba a mí y a mi vida porque sentía que nada de lo que hacía era suficiente. Aun así, en mi opinión, la palabra *no* conducía al dolor, al rechazo, al fracaso, la decepción y el abandono.

No estoy sola. Vivimos en un mundo que nos obliga desde la primera infancia a ser complacientes y creer que los límites son incorrectos y egoístas. Sí, nos enseñan ciertos peligros y cómo *no* significa *no*, pero luego recibimos mensajes tan confusos y contradictorios sobre el cumplimiento y cómo ser amados y seguros que muchos de nosotros perdemos la capacidad de decir *no* con confianza. Aprendemos que *no* significa *no*, siempre y cuando no implique herir a alguien, enfadarlo o ser una «mala» persona.

Aprendemos desde el principio que es fundamental complacer a tus padres y cuidadores en cualquier forma que sea posible porque, bueno, ellos «saben más» y dependemos de ellos para sobrevivir y ser amados. Trabaja duro en la escuela. Sé la mejor. Si no eres la mejor, sé buena. Vive nuestros sueños, haznos sentir orgullosos, no nos avergüences con los vecinos. Sé vista y no escuchada, guarda tus sentimientos para ti. Deja de ser tan sensible. Trabaja duro y obtendrás buenas calificaciones. Sé buena y recibirás elogios, paz, amistad, relaciones y evitarás resultados indeseables. Haz las cosas que esperamos de ti. Deja que ese familiar te abrace, aunque es evidente que te sientes incómoda, porque lo ofenderás si no lo haces. Sé «amable» para que no te vean como agresiva. Sé «buena» para que la gente no piense que eres una zorra y arruines nuestra reputación. ¿Ves esas cosas que no nos gustan de esas otras personas? No hagas eso. Cuando obtengas buenas calificaciones, ingresarás en la universidad o conseguirás un trabajo. A partir de ahí, obtendrás el dinero, la casa, la relación y los niños. Básicamente, sé buena y tendrás éxito.

En algún momento, descubrimos que el mundo no funciona así. Por ejemplo, tal vez hagamos todo lo correcto en el trabajo, pero alguien que no tiene ningún inconveniente en causar problemas y hacer todas las cosas que creemos que serían desagradables obtiene el ascenso. Tratamos de ser la pareja perfecta, pero nos dejan por alguien que va en contra de todo lo que nos han dicho, o jugamos al buen tipo con la esperanza de que la persona nos vea como material para una relación, solo para que nos envíe a la lista de amigos. Hacemos todas las cosas que nuestros padres nos dijeron, incluso dejamos en suspenso nuestros sueños y aspiraciones, solo para que prefieran a nuestro hermano, sigan culpándonos o nunca reconozcan nada de lo que hacemos.

Y, después de todo este esfuerzo, es posible que nos demos cuenta de que no sabemos quiénes somos ni qué queremos.

No existe un punto de inflexión en el que los complacientes salgamos victoriosos y en el que todo nuestro sufrimiento y esfuerzo dé sus frutos. Aquí todos somos sacrificados y reprimidos hasta el fondo; estamos en relaciones desagradables preguntándonos qué nos pasa, o estamos aburridos, acosados, mal pagados o agotados en carreras que nos dijeron que nos conducirían a la felicidad y al éxito. No tenemos una idea real de cómo cuidarnos y satisfacer nuestras necesidades.

Esta es la verdad: lo que pensaba que era ser «buena» y «ayudar» en realidad era ser complaciente. Usar el «complacer» para influir y controlar los sentimientos y el comportamiento de otras personas y obtener atención, afecto, aprobación, amor y validación, o para evitar conflictos, crítica, estrés, decepción, pérdida, rechazo y abandono.

Si bien algunos casos de este tipo son obvias porque sabemos que estamos haciendo algo para agradar (o somos alérgicos a decir *no*, estamos hambrientos de elogios o tal vez nos comportamos como una foca con esteroides), muchos de nuestros hábitos complacientes están fuera de la vista, pero son perniciosos, como los siguientes:

- Posponer hablar con un compañero de trabajo sobre un problema de su responsabilidad y luego quedarte hasta tarde o retrasar tu trabajo porque te preocupa herir sus sentimientos, hablar mal de otros miembros del equipo o parecer incompetente.
- Decidir comer el pastel de chocolate de tu madre, a pesar de que tienes sensibilidad al gluten e intolerancia a la lactosa, porque prefieres lidiar con el malestar estomacal sin poder salir del baño que arriesgarte a decepcionarla o herir sus sentimientos.

- Llamarte demasiado sensible, necesitado, egoísta y difícil, porque te sientes incómodo y cada vez más resentido con el amigo que, de manera repetida, te ataca sin interesarse por lo que sucede en tu vida.
- Escuchar a una cita hablar sobre relaciones pasadas y dificultades, y luego decidir que no pedirás ni esperarás ciertas cosas para que no se sienta presionado o dolido o de repente sentirte involucrado porque crees que puedes ser la solución a sus problemas.

Ya sea de manera abierta o indirecta, con frecuencia tienes problemas para decir *no* con tus palabras y acciones. Haces cosas «buenas», pero por motivos equivocados.

Piensa en algunas de las ocasiones en las que no has dicho *no*, ya sea de manera verbal o mediante tus acciones.

¿Estabas siendo amable o estabas asustado?

¿Estabas siendo amable o estabas enojado?

¿Estabas siendo amable o te decepcionaste?

¿Estabas dando, amando y ayudando, o estabas pidiendo o esperando algo?

¿En realidad querías hacer eso o estabas ansioso?

La alegría de decir no trata sobre cómo recuperarte del ciclo del complaciente y potenciar tus relaciones y experiencias descubriendo el poder curativo y transformador del *no*.

Aprender a decir *no* me ayudó a recuperarme de esa enfermedad que amenazaba mi vida, pero no solo eso, también:

- Después de mi diagnóstico, abogué por mis necesidades en el trabajo, obteniendo pleno apoyo de Recursos Humanos y de mi entonces jefe, incluida la reducción de horas mientras me recuperaba. Tiempo después, cuando me molestaron con un pago de maternidad incorrecto, una promoción fallida y la vuelta al trabajo, mi relación mejorada con el *no* significó fijar el límite de forma amable pero asertiva. Esto marcó el camino para escribir a tiempo completo y comenzar mi negocio, permitiéndome difundir sanación y alegría al compartir las enseñanzas de mi transformación en mi sitio web, www.BaggageReclaim.com, con miles de personas en todo el mundo.

- De manera gradual, transformé las relaciones dolorosas y codependientes que tenía con mi familia al permitirme dar un paso atrás y redefinir mi sentido de responsabilidad y obligación. La culpa y la ansiedad que plagaban cada interacción han disminuido, pero hay algo que me recuerda que debo permanecer en mi camino y reconocer nuestras diferencias. Por fin me permití convertirme en adulto a los veintiocho años, una y otra vez hasta el día de hoy, ¿y adivinad qué? El cielo no se ha caído.

- Corté los lazos con mis ex y opté por no participar en situaciones de citas turbias e inviables en momentos muy prematuros sin cuestionarme, abriéndome a conocer a mi actual esposo y poder crecer en la relación porque me esforcé por ser yo.

- El *no* me ha ayudado a ser una mejor madre para mí y para mis hijas. Aunque todavía tengo la mayoría de los amigos que tenía antes de comenzar mi recuperación, todas las relaciones son más equilibradas y auténticas.

- Comenzar a decir *no* me encaminó hacia la curación

del trauma, incluido mi miedo al abandono y el dolor y la ira que cargaba por el abuso. Las respuestas de mi cuerpo al estrés se calmaron, el drama en mi vida disminuyó de manera drástica y aprendí a afrontar los desafíos cuando surgen.

• Cuando a mi padre le diagnosticaron cáncer de intestino en junio de 2016, después de estar separados durante cuatro años, todo lo que había aprendido nos ayudó a tener una relación hermosa y reparadora en sus últimos diez meses. Después, mientras luchaba con el dolor, cumplía cuarenta años y me sentía perdida, una vez más, el *no* vino al rescate, permitiéndome experimentar mucha alegría inesperada y llevándome a un lugar donde soy más yo que nunca.

Esta es una pequeña muestra y a lo largo de este libro compartiré historias de mi viaje, así como las de otras personas a las que he ayudado en el camino. Solía pensar que era rara y que mis problemas y situaciones eran únicos, pero en agosto de 2005, cuando hablé en voz alta sobre mis luchas en mi entonces blog personal, me inundaron mensajes de personas que decían: «Tú eres yo, eres igual a mí».

No estás solo.

Si no dices *sí* de manera auténtica, lo dices con resentimiento, miedo o evasión, y eso genera muchos más problemas que si solo hubieras dicho *no* desde el principio. Es hora de dejar de vivir la mentira del complaciente.

PARTE 1

Saludos, amigo complaciente

1

¿Eres un complaciente?

¿Algunas de estas afirmaciones te suenan familiares?

- Aunque pueda disfrazarlo, suprimirlo o reprimirlo, con frecuencia me siento resentido, obligado, abrumado, culpable, ansioso, sobrecargado, agotado, exhausto, deprimido, inútil, impotente o victimizado.
- Pongo las necesidades y deseos de otras personas por delante de los míos y siento que soy el último.
- Me preocupa no agradar, meterme en problemas, herir sentimientos, parecer una persona «mala» o «egoísta», ser rechazado, abandonado o alienado si digo *no*, expreso mis necesidades, pongo límites o soy honesto.
- Digo que sí sin considerar el significado y las consecuencias y luego me siento atrapado, abrumado, ansioso, resentido o hago enojar a la gente por echarme para atrás, no dar la talla o no tener las habilidades necesarias.
- Me cuesta pedir ayuda y temo ser una carga e inconveniente o incomodar a los demás, lo que me lleva a descartar de manera rutinaria mis necesidades, expectativas, deseos, sentimientos y opiniones por ser demasiado sensible/necesitado/difícil/egoísta/exigente.
- Digo un *sí* basado en sentirme culpable, asustado, obligado o ansioso.

- He tenido enfermedades relacionadas con el estrés o el agotamiento, o me sentí desbordado por un temperamento que me hizo sentir avergonzado.
- Tengo poco o ningún tiempo para mí, ya sea para mis prioridades, disfrute o cuidado personal, pero sé cuidar y dedicar tiempo a los demás.
- Soy la persona a quien acudir, ya sea en el trabajo, la familia, los amigos o los ex que regresan a mi vida cuando no tienen nada que hacer.
- Temo no ser lo suficientemente bueno, y atribuyo ese hecho a los sentimientos y comportamientos de otras personas, o a que la vida no va como yo quiero.
- Mis relaciones interpersonales tienden a involucrar mi intento de rescatar, arreglar o cambiar a otros o ser su proyecto favorito.
- Me he perdido cosas que de verdad quería hacer porque dije sí a algo que no debería.
- Me he involucrado con una persona no disponible de manera emocional o abusiva, y seguí saliendo, relacionándome, volviendo con ella o permaneciendo en la relación a pesar de que era insatisfactoria o dañina.
- Me preocupa que mi éxito, felicidad o crecimiento personal eclipsen a los demás o les hagan sentirse infelices, excluidos o abandonados.
- Cuando la gente no reconoce, aprecia y recompensa mis esfuerzos, me siento herido, resentido, descuidado, abandonado, deprimido, utilizado o abusado.
- Soy autocrítico, tengo miedo al fracaso y a cometer errores, me desempeño demasiado y compenso demasiado, o me escondo y me desvanezco.
- Me cuesta decir *no* en el trabajo porque tengo miedo de parecer perezoso o incompetente, que no trabajo bien en equipo ni soy material de promoción, o temo arries-

garme a quemar puentes o que tomen represalias contra mí.

- Utilizo sugerencias para intentar que los demás satisfagan mis necesidades y deseos o comprendan mis sentimientos en lugar de comunicarlos de manera directa.
- A veces me enojo o entro en pánico cuando la gente me pregunta o espera que haga algo, pero de todas formas digo que sí.
- Doy demasiado.
- Digo que sí, sigo la corriente o me quedo en silencio, incluso cuando es en detrimento de mi bienestar porque tengo miedo de decir *no* o no sé decir *no*.

Si respondiste que sí a alguna de estas afirmaciones, eres un complaciente. Esas son pistas de tu cuerpo, mente y vida que señalan que haces «cosas buenas», pero por razones equivocadas, y eso genera una persona complaciente.

> Ser complaciente es suprimir y reprimir de manera consciente e inconsciente tus necesidades, deseos, expectativas, sentimientos y opiniones para poner a otras personas en primer lugar y así ganar atención, afecto, aprobación, amor o validación, o evitar conflictos, críticas, decepciones, pérdidas, rechazo o abandono.

Hay personas que hacen lo mismo que tú, como ayudar, trabajar duro, querer hacer cosas buenas y sentirse incómodas por molestar o decepcionar a los demás, pero no provienen de un lugar de miedo, culpa, obligación o sentirse indigno. Son conscientes de sus motivaciones y, en situaciones en las que sus acciones y elecciones o las expectativas y solicitudes de otras personas afectan a su bienestar o son dañinas de manera directa, inapropiadas o innecesarias, se consideran a sí mismos. Dirán *no* si necesitan, quieren o deben hacerlo. Tienen respuestas asertivas y activas.

No es que no les importe lo que piensen los demás o que no compartan sus deseos o temores (lo hacen), pero no se dejan llevar por su ser complaciente, y por eso tienen un mayor sentido de quiénes son, incluso de lo que necesitan, quieren, esperan, sienten y piensan. Como resultado, están más inclinadas a dejar que sus valores y límites las guíen, en lugar de los deberes, las reglas y sus percepciones de los sentimientos y el comportamiento de otras personas. En los casos en los que, en retrospectiva, se dan cuenta de que algo no funcionó para ellas y fue problemático o dañino de alguna manera, porque, ya sabes, son humanos, se permiten aprender de eso.

Ser complaciente es un conjunto de estrategias de respuesta pasiva, arraigadas en la infancia, para evitar el dolor y sentirse valioso, merecedor, aceptado y seguro, que en cambio resultan en sentimientos crónicos de baja autoestima, ansiedad, resentimiento y resultados indeseables. Ser complaciente te impide ser más quién eres y disfrutar de relaciones de verdad íntimas y satisfactorias, porque no te permite aprender tu auténtico *sí*, *no* y *tal vez*.

Cada una de las afirmaciones que enumeré al principio del capítulo refleja incidentes en los que no dices sí de manera consciente o porque de verdad quieras o lo necesites, sino porque, en algún nivel, tienes miedo o sientes una culpa desproporcionada y fuera de lugar, tratas de controlar algo o esperas ser recompensado de alguna manera por aceptar las cosas. También haces las cosas no porque quieras, sino porque es lo que crees que se espera de ti. Si este no fuera el caso, dirías *no* cuando lo necesitas, quieres o debes…, y seguro que lo dirías muchísimo más de lo que lo has hecho hasta ahora.

Con cuantas más afirmaciones estés de acuerdo, más complaciente eres en tu vida. Pero también es crucial reconocer que, incluso si se trata de «solo» una o unas pocas afirmaciones, lo que importa es el grado en que afectan a tu vida y lo auténtico y consciente que eres.

Si deseas obtener más información sobre lo que significa cada una de las afirmaciones, creé una guía práctica en PDF que puedes descargar desde www.thejoyofsayingno.com/resources.

Es imposible evitar decir *no* o tener miedo de las consecuencias de los límites y no ser complaciente. Seguirás experimentando variaciones de las mismas frustraciones, dolores y problemas, y los atribuirás de manera errónea a no complacer lo suficiente.

La única razón por la que no decimos *no*, o decimos *sí* de manera no auténtica, es por nuestro bagaje emocional, las heridas, pérdidas, juicios y viejos malentendidos no resueltos que arrastramos del pasado. Podemos llamarlo ser «agradable» o ser una «buena persona» o afirmar que no queremos «herir sentimientos» o «ser heridos» o lo que sea, pero todo es un código para señalar que algo sucedió en el pasado, y me gustó o no cómo me hizo sentir o lo que pasó. Entonces se me ocurrió una historia y un hábito que formaron mi respuesta en situaciones similares o con personas similares, así como quién creo que debo ser. Y luego lo he repetido.

Todas las personas tenemos un bagaje emocional, por lo que experimentarlo no nos hace raros, equivocados o diferentes. Por el contrario, lo mucho que soportamos y su secuela en nosotros refleja nuestra voluntad por superar las heridas emocionales y las dificultades. El complaciente evita este trabajo porque entre los hábitos infantiles de pensamiento y de comportamiento, la obligación, la culpa, el resentimiento y los roles que desempeñamos en nuestras relaciones, como el de triunfador o el de bajo rendimiento, de pacificador o de ayudante generoso e indispensable que no tiene necesidades propias, adoptamos una máscara que nos distancia de nosotros y de los demás. De manera irónica, ser complaciente fortalece las heridas y dificultades emocionales que estamos tratando de evitar o resolver.

Eso significa que podemos pasar toda nuestra vida intentando que la gente nos *vea*, nos *escuche*, nos *valide* y satisfaga nuestras necesidades insatisfechas sin darnos cuenta de que ser complacientes bloquea la intimidad e impide que la gente vea nuestro verdadero yo. No nos permite sentir de verdad, de ahí que nos cueste descifrar nuestros límites y lo que necesitamos, deseamos, esperamos, sentimos y pensamos.

Nos esforzamos en ser buenos y demostrar lo buenos que somos, en poner nuestro esfuerzo en las cosas, en salvar a los demás de sí mismos, en no incomodarnos ni incomodar a los demás y, sí, a veces en demostrar lo buenos que somos mediante el sufrimiento, todo para ganar atención, afecto, aprobación, amor y validación. También necesitamos, queremos, a veces anhelamos una intimidad y una conexión genuinas, pero no nos damos cuenta de que, en nuestra búsqueda de complacer, vivimos mentiras y nos escondemos.

Cuando usamos máscaras o disfraces, la gente no puede ver (ni herir) nuestro verdadero yo. Por eso lo hacemos. Es posible que hayamos cambiado de forma en nuestro camino por la vida tratando de ser todo para las personas, hasta tal punto ¡que no podríamos distinguir a nuestro verdadero yo en una fila india!

El hecho de ser complacientes nos impide aprender que no hay intimidad sin correr el riesgo del conflicto y la crítica, de ser honestos acerca de quiénes somos a través de nuestros *sí* y *no*. En cambio, normalizamos andar de puntillas y caminar sobre cáscaras de huevo en torno a nuestros planes y buenas intenciones y las de otras personas, y pensamos que eso es lo mejor que hay.

No decidiste convertirte en alguien complaciente así como así. Aunque solo seas consciente de ello en la edad adulta, ser complaciente es algo que ha estado desde la infancia. Una combinación de socialización, condicionamiento, respuestas y lecciones autodidactas te enseñaron a poner a los demás por delante de ti como estrategia para satisfacer tus necesidades y evitar riesgos y daños.

No te digo esto como si tú y yo fuéramos diferentes y yo fuera un ser humano iluminado más allá del bagaje emocional. A veces sigo complaciendo a la gente porque pasé la mayor parte de mi vida haciéndolo sin darme cuenta de que era complaciente. Pensaba que así era como funcionaba la vida y era *lo que Natalie debía hacer.*

Cuando siento que puede haber un conflicto o que en realidad ya está ocurriendo, todavía me congelo de manera momentánea y quiero alejarme de la situación o camuflarme al instante con el entorno. Todavía me preocupan las reacciones de la gente, a veces quiero que mis padres, incluso mi padre muerto, sean diferentes de quienes son, a veces paso demasiado tiempo intentando escribir un mensaje breve o un correo electrónico y puedo quitarle la alegría a casi cualquier cosa si dejo que mis maneras perfeccionistas (en recuperación) interfieran en ello.

Ser complaciente es un código para decir que estoy (o estaba) ansioso por algo. Es un hábito de manejo de la ansiedad que, de manera irónica, te mantiene atrapado en un ciclo de ansiedad porque es hipervigilancia. Cuando estás en alerta máxima y escaneas de manera constante el perímetro en busca de desaprobación o peligro, inhibes tu capacidad de estar consciente, atento y presente. Y estar dispuesta a reconocer esto y ver cómo aparece mi bagaje en ese momento me ha permitido tomar decisiones más conscientes y alegres.

Soy una complaciente en recuperación porque, al igual que tú, mi edad adulta consiste en desaprender todos los mensajes y lecciones improductivas y dañinas que he aprendido a lo largo del camino para poder sanar, crecer y aprender permitiéndome ser más mi yo auténtica en lugar de ocultarlo.

En lugar de estar en mi propio día de la marmota pensando y haciendo las mismas cosas para ser complaciente, y esperando resultados diferentes, he reconocido que la forma en que a veces pienso, siento, me comporto y elijo reflejan viejos dolores, miedos y culpas, no quién soy. Me estoy permitiendo florecer y recuperarme de lo que he pasado usando el *no* como una forma de sanar mi carga emocional a medida que avanzo en la vida. Tú también puedes. Esto, dicho sea de paso, es mucho mejor que ser complaciente en un intento de «trabajar en uno mismo» para llegar a estar «libre de cargas» y por fin ser lo suficientemente digno de ser, hacer y tener más de lo que necesitas, deseas y mereces.

No puedo decirlo más claro: ser complaciente es una apropiación indebida de tus buenas cualidades y ancho de banda mental (tiempo, energía, esfuerzo y emociones), no de quién eres en realidad. Los efectos se notan en tu vida, desde cómo te sientes o no te sientes por dentro, la intimidad de tus relaciones, tu carga de trabajo, lo que podrían ser heridas y resentimientos secretos, hasta tu sensación general de plenitud y conexión. Dependiendo de tu nivel de complacencia, tu cuerpo podría estar en modo casi constante de lucha, huida y congelación, y en lugar de liberarte; esta hipervigilancia está agravando todo lo que has pasado y que contribuyó al querer ser complaciente.

No tienes que esperar hasta ser «suficiente» o «perfecto». Viniste al mundo siendo suficiente y te irás siendo suficiente. Has interiorizado mucha mierda a lo largo del camino que te enseñó y te convenció de lo contrario. Y no necesitas ser perfecto (es decir, inhumano y sin carga emocional), necesitas limpiar, sacar y ordenar todo lo que se interponga en tu camino para decir *no*, para que también puedas aprender a decir *sí* de manera auténtica. Debes aprender a dejar de sentirte ansioso por ti mismo y por disgustar a todos para poder acceder a una gama mucho más amplia de emociones, y cuidar de ti y de tus relaciones de manera saludable.

La verdad es que con frecuencia intentamos ganar valor y autoestima, así como obtener los beneficios de las relaciones y las experiencias interpersonales más satisfactorias, ganándolas con nuestra complacencia para no tener que correr el riesgo de ser vulnerables. Pero eso no será suficiente si de manera genuina queremos experimentar más intimidad, plenitud, paz y alegría en nuestras vidas. Decidir, elegir qué dejar ir significa, primero, confrontar por qué lo acumulamos y, segundo, conectarnos con nuestras verdaderas intenciones y valores. Y por eso estoy aquí, para ayudarte con eso.

- Saber cómo y cuándo decir *no* consiste en comprender tus límites, las líneas visibles e invisibles entre tú y los demás que muestran tu conciencia de dónde terminas tú y dónde comienzan ellos.
- Tus límites comunican lo que sabes sobre quién eres y quieres ser, tus responsabilidades y tu conciencia de quiénes son los demás y sus responsabilidades.
- Todos los problemas que encontramos tienen un límite

en alguna parte, por lo que cuanto más diferenciamos entre nuestros sentimientos, pensamientos, cuerpos y cosas y los de otra persona, mejores seremos no solo para resolver nuestros problemas sino también para no repetir el mismo problema.

- El error que comete la mayoría de las personas es mezclar límites con decir *no*, pero los límites también tienen mucho que ver con decir *sí*. Entonces, cuando trataste el *no* como una mala palabra y te concentraste en el *sí*, de manera indirecta dijiste *no* a ser más tú y te quedaste en el ciclo del complaciente.

- Piensa en el *sí* y el *no* como el corazón y los pulmones, que trabajan en estrecha colaboración para bombear sangre rica en oxígeno por todo el cuerpo. No se trata de usar uno u otro: cuando un órgano se ve comprometido no solo afecta al otro, sino también al funcionamiento de todo el cuerpo.

- Si tienes miedo de decir *no*, también tienes un problema con el *no* de otras personas, y es hora de considerar qué haces y qué evitas para disminuir su *no*.

- Todo lo que haces tiene como objetivo tratar de satisfacer necesidades: las cosas que necesitas ser, hacer y tener, no solo para sobrevivir sino para prosperar. Cuanto más saludables sean tus límites, más satisfarás tus necesidades porque te estás apropiando de ti y siendo tú, por lo que permitirte decir *no* te ayudará a llenar el vacío de las necesidades insatisfechas que has estado (ineficazmente) usando como persona complaciente para conectar.

- Tus límites son tus necesidades, deseos, expectativas, sentimientos y opiniones porque representan quién eres y cómo quieres ser; tus valores, preferencias, principios y prioridades para vivir tu vida feliz y auténticamente.

Ellos son tu *sí*, tu *no* y tu *tal vez*; así que, básicamente, cuanto más muestres quién eres de manera auténtica y honesta, más saludables serán tus límites. Si no dices de manera auténtica *sí* y *no* cuando debes, necesitas o quieres hacerlo, te vuelves incongruente con tus valores porque no respetas tu carácter ni honras tus preferencias y prioridades.

- Cuando complaces a la gente estás reprimiendo tus límites porque te estás suprimiendo a *ti*. Eres tus límites.
- Cuánto estás dispuesto a respetar tus límites es una expresión de tu autoestima, la suma de los pensamientos que alimentas y la forma en que te tratas. Cuando te tratas y te consideras una persona que vale la pena y es valiosa, tienes la confianza para ser más tú. Incluso si todavía no te sientes tan bien contigo, crear límites más saludables pone las bases para hacer coincidir lo que sientes con un mejor trato hacia ti.

2
Al principio

Cuando les pregunto a las personas, desde veintitantos hasta ochenta y tantos años, por qué, por ejemplo, no dicen *no* en el trabajo o en la familia, o por qué aceptan las cosas incluso cuando se sienten mal, una y otra vez sus respuestas suelen ser sobre el miedo a «meterse en problemas» y sobre cómo tienen que «hacer lo que se les dice». Básicamente quieren ser «buenos». Entonces, ¿qué está pasando aquí y cómo aprendimos a ser complacientes?

Suponiendo que no seas un niño en este momento, fuiste criado durante la Era de la Obediencia. Impulsado por el rigor, la disciplina y el control, este estilo de criar, interactuar y comunicarse con los niños se centraba en hacerlos «buenos», enseñándoles a obedecer de manera incondicional a las figuras de autoridad, inculcándoles un sentido de obligación y, en última instancia, asegurándose de que fueran dóciles, propensos en exceso a estar de acuerdo con los demás. Esto nos preparó para trabajar y ser adultos que cumplan con las expectativas de la sociedad.

Si bien, como en los viejos tiempos, los padres y cuidadores modernos pueden ser implicados, distantes, negligentes o abusivos, una marcada diferencia con la paternidad actual es que existe diálogo y respeto bidireccionales, en lugar de unidireccionales. La conciencia de los derechos de los niños, el respeto de sus límites y el cuidado de su bienestar emocional, mental y físico ya no son anomalías atribuidas a una crianza hippie o «laxa». También se comprende de manera más amplia que los niños son sus propios dueños, no propiedad de los adultos, por lo que tienen más autonomía.

Si bien los seres humanos siempre han estado preocupados por «ser buenos» y han dependido de un nivel de cumplimiento y adaptación como medio para sobrevivir y satisfacer sus necesidades, el significado de «ser bueno» ha cambiado a medida que avanzaba la civilización humana. De hecho, si rastreas la etimología de la palabra «bueno», verás cómo en un inicio se asoció con la religión y de manera gradual evolucionó para incluir el éxito, la prosperidad y luego la ética de trabajo y el «buen comportamiento». Esta evolución sigue la línea de lo que estaba sucediendo en el mundo, incluida la Revolución industrial, la colonización y el imperialismo.[1]

Durante la Era de la Obediencia, alguien en algún lugar vigilaba o desechaba nuestros sentimientos, etiquetaba nuestras expresiones faciales, personalidades, introversión o extroversión, comportamientos, apariencias, intelectos, talentos o aspiraciones como «buenos» o «malos» y, en consecuencia, culparnos, obligarnos, asustarnos y avergonzarnos para que seamos quienes querían que fuéramos. Era aceptable en la sociedad «disciplinar» y castigar de manera física a un niño, ya sea en público o en privado, o decir lo que quisiera sin pensar en las consecuencias emocionales y mentales. Las conexiones emocionales, mentales y físicas no eran una prioridad ni la norma, por lo que el deseo de atención, afecto y cariño se consideraba un excedente de las necesidades.

Tampoco era raro que los niños criaran a sus hermanos, incluso a sus padres, o renunciaran a una educación para ganarse la vida o casarse con alguien de quien la familia pudiera beneficiarse. Los padres y cuidadores podrían participar en lo que ahora consideraríamos comportamientos inseguros sin tener en cuenta su impacto. Cuando de niños sufríamos acoso, falta de confianza, depresión, desafíos académicos, racismo y prejuicio, explotación, abuso o negligencia, o no nos presentábamos de una manera neurotípica o acorde con el género, había falta de apoyo y la solución a todo era encontrar la manera de ser «bueno». Esto significó que nuestras luchas, con frecuencia, se convertían en una cuestión de lo que no habíamos logrado ser y hacer —¿qué vestías? o ¿qué dijiste para molestarlos?— en lugar de abordar el problema real, haciendo del enmascaramiento de nuestro dolor, luchas y necesidades una forma de obediencia y autoprotección.

Aunque todos aprendimos mensajes vergonzosos en la infancia que silenciaban nuestro verdadero yo, los mensajes de género sobre la bondad significaban lecciones muy diferentes sobre la asertividad. Esto significa que las niñas (y luego las mujeres) tienen más probabilidades de verse obligadas a comportarse según un cumplimiento que limite su voluntad y poder personal, mientras que los niños (y luego los hombres) aprenden el cumplimiento para facilitar la obtención de más poder. Es esa diferencia no tan sutil entre sé mansa y apacible, sé una dama y no causes problemas y haz lo que te dicen, pero también anímate y sé un hombre, no un mariquita, para que puedas preservar la virilidad y ser un hombre de éxito.

Debido a esto, aunque cualquiera puede ser un complaciente, es más probable que las mujeres lo sean solo porque, gracias al patriarcado, es menos probable que los hombres sean penalizados por mantenerse firmes, incluso en las formas más básicas, mientras que muchos sectores de la sociedad todavía desaprueban que las mujeres hagan lo mismo.

Al subrayar la docilidad, la sociedad inculcó un sentimiento de miedo y culpa, pero lo vendió como respeto. Esto generó temor no solo a las consecuencias negativas potenciales o reales de no cumplir, sino también al temor de las propias autoridades. Las figuras de autoridad eran tratadas como si de manera automática tuvieran razón y fueran seguras; por lo que se suponía que si sentíamos lo contrario, éramos irrespetuosos.

La Era de la Obediencia no enseñó matices, enseñó cumplimiento incondicional. En específico enseñó lo importante que es obedecer a cualquier persona que tenga autoridad sobre ti, y en la infancia, cualquier persona a quien percibieras con poder sobre ti. Esto conllevó que aprendiéramos sobre el «peligro a los extraños» en la forma de un secuestrador o una figura espeluznante con una bolsa de dulces; pero nadie explicó que gracias a todo nuestro entrenamiento en la obediencia los extraños no solo podían invocar el mismo miedo, culpa y docilidad que los seres queridos, sino que también, a menudo, las personas sobre las que necesitábamos tomar conciencia del peligro eran en las que confiábamos de forma automática y a las que reverenciábamos debido a su estatus y profesión, como sacerdotes, maestros, agentes de policía, amigos de la familia y familiares extendidos.

Aprendimos que, si no obedecíamos a las personas en posiciones de autoridad, eso no solo podría significar problemas para nosotros, sino también para quienes nos rodean. Por eso los abusadores tienden a lanzar la amenaza de que algo les sucederá a los seres queridos o a sugerir que sería problemático o inconveniente para ellos que se sepa algo sobre el abuso. Y, por supuesto, cumplíamos porque dependíamos de nuestros padres y cuidadores para sobrevivir.

Este lenguaje de chantaje emocional activa nuestra conciencia de modo que la culpa (y la vergüenza) nos hacen propensos a aceptar. Las reglas (arbitrarias o no), junto con las obligaciones (falsas o no) y las expectativas y solicitudes (realistas, justas o no) están expresadas en la culpa. Después de un tiempo, se convierten en la voz dentro de nuestra cabeza y nos volvemos expertos en chantajearnos de forma emocional para cumplir. A pesar de las muchas personas que existan en nuestras vidas y que nos presionen, cuando hacemos un balance de quién nos convence a decir que *sí* descubrimos que somos nosotros mismos los que nos asustamos y nos obligamos a hacer cosas. El sentimiento de culpa está tan entrelazado con nuestras relaciones íntimas que a veces lo confundimos con amor y cuidado.

Experimentamos culpa cuando hemos cometido (o percibimos que hemos cometido) una mala acción. En un mundo que te enseña a desconfiar de tus sentimientos y a pensar que tus necesidades, deseos y expectativas son egoístas y vergonzosos, terminas con una sensación desproporcionada de haber hecho algo malo y que se traduce en: «Deja que me pase la vida compensando o adelantándome a lo malo complaciendo a la gente».

La Era de la Obediencia nos enseñó a ir en contra de nosotros mismos cada vez que percibimos una regla, obligación, amenaza o recompensa potencial. Por eso los entornos laborales pueden ser tan perturbadores. La combinación de autoridades y el miedo a desobedecer nos hunde de nuevo en sentimientos, pensamientos y comportamientos infantiles.

Trato con individuos profundamente perplejos por cómo trabajar con alguien los ha inquietado y los ha llevado a tener un comportamiento inusual o una profunda ansiedad. Cada vez que sucede, esa persona en cuestión tiene algún parecido con un padre, cuidador, hermano u otro ser importante de su infancia.

El efecto dominó de inculcar la obediencia a los niños es que inadvertidamente (y, sí, a veces intencionalmente) nos socializó y condicionó para convertirnos en adultos que desconfían de sus sentimientos y se disocian de sus cuerpos. Aprendimos a asociar el *no* con herir a los demás, con la confrontación, el castigo y el abandono, de ahí que hayamos perdido nuestro *no* y ahora nos sintamos desobedientes e irrespetuosos al mirar hacia nuestro interior. Si la persona responsable de nuestro cuidado, de nutrirnos y apoyarnos también violó nuestros límites, aprendimos a ir hacia el peligro en lugar de alejarnos de él, de ahí que podamos sentirnos atraídos por personas abusivas.

Complacer de forma incuestionable e incondicional a las llamadas autoridades y estar esperando a satisfacerlas podría haber funcionado si esto fuera incuestionablemente cierto: todas ellas fueron cariñosas, afectuosas, dignas de confianza y respetuosas, y no abusaron de su poder. Pero ese no es el caso.

La Era de la Obediencia también reforzó la idea errónea y la ilusión de que el cumplimiento es el camino para ser una buena persona y de que el cumplimiento en sí siempre es algo bueno. Hemos sido socializados y condicionados para creer que el mundo es un entorno de meritocracia que recompensa este tipo de bondad, pero hemos comprobado que esto no es cierto.

Seguimos las reglas y somos y hacemos las cosas como nos han dicho, y aun así no agradaremos a todos y seguiremos experimentando las inevitables situaciones de la vida: conflictos, críticas, estrés, desilusión, pérdida y rechazo. No siempre conseguiremos el trabajo o el ascenso, no siempre conseguiremos ganarnos a nuestra pareja romántica, incluso si marcamos todas las casillas de lo que nos dijeron que nos haría personas buenas, felices y exitosas, podemos sentirnos deprimidos, ansiosos, desilusionados o vacíos. Resulta que ser demasiado obediente es peligroso para nuestro bienestar.

El coste de ser complaciente

Mi fallecido acupunturista y mentor, Silvio Andrade, me ayudó a comprender qué pasaba en mi cuerpo y por qué sentía que no podía soportar el estrés adicional a pesar de que pensaba que estaba bien.

Imagina que, en teoría, todos nacemos con el mismo umbral de estrés. Tenemos la base de estar sin estrés, y luego podemos tolerar una cierta cantidad de estrés porque lo necesitamos como parte de nuestra supervivencia para protegernos cuando estamos bajo amenaza, para adaptarnos a la forma en que usamos nuestros cuerpos y para alertarnos cuando nos estamos excediendo o cuando nuestro cuerpo necesita algo. Necesitamos saber cuándo estamos bajo presión de alguna manera. Hay un estrés bueno que nos permite usar nuestro ancho de banda mental en el día a día para satisfacer nuestras necesidades y disfrutar de la vida, y hay un estrés no tan bueno que proviene de factores estresantes que desencadenan una sensación de amenaza, ya sea real o imaginaria.

Entonces, está la línea de base y lo que se supone que podemos tolerar de manera natural y bastante cómoda, y luego un umbral que indica cuándo estamos en un nivel alto de estrés. Hasta ese umbral, estamos bien, pero más allá nuestros cuerpos se encuentran en un nivel de estrés superior al promedio, incluso peligroso.

El estrés produce la hormona cortisol, y el estrés crónico produce demasiada cantidad, lo que altera los procesos del cuerpo, pone en riesgo nuestra salud y provoca enfermedades.[2]

A veces experimentamos un periodo de estrés crónico que significa que estamos actuando cerca o por encima de ese límite.

Si eso continúa, el cuerpo se adapta a una «nueva normalidad», por lo que nos sentiremos «bien» aunque no sea así y estemos en un estado de lucha, huida y congelación. Si, después de este periodo, experimentamos un tiempo prolongado sin estar estresados crónicamente y aprendemos a sentirnos seguros de nuevo, el umbral disminuirá.

Pero si el estrés crónico continúa, ya sea porque todavía estamos en esa situación o porque seguimos con hábitos estresantes, seguiremos forzando nuestro cuerpo, tolerando mucho más de lo que deberíamos e inundando nuestro organismo con cortisol. Es como estar constantemente en tensión mientras sobrecargamos nuestro sistema nervioso y enviamos señales a nuestro subconsciente de que nos están atacando.

Ser complaciente es nuestra respuesta a la ansiedad por algo, real o imaginario, además de nuestra respuesta a la tensión y la ira acumulada por nuestros dolores y pérdidas no procesados. Creemos que esos sentimientos murieron o que los tiramos a la basura, pero siguen ahí. ¡Algunos sentimientos están tan enterrados que olvidamos que lo están y echamos un poco más de tierra encima! Pero ser complaciente es como jugar al Aplasta al topo, porque solo proporciona un alivio temporal.

No sentir nuestros sentimientos, además de alterar nuestra inteligencia emocional, también genera estrés. Evitamos nuestros sentimientos para no lidiar con el estrés de algo, sin darnos cuenta de que esta evitación es un factor estresante. Y reprimirnos para complacer a los demás significa que ignoramos y desconfiamos de nuestros maravillosos cuerpos en lugar de escucharlos. Cumplimos para «mantener la paz», sin darnos cuenta de que no hay paz en nuestro interior. Y como nos hemos acostumbrado tanto a ser así, pensamos que estamos «bien», sin darnos cuenta de que perdimos nuestro sentido del «bien» y nuestros límites hace mucho tiempo.

Por mucho que intentemos comportarnos de otra manera, no estamos separados de nuestros cuerpos y mentes. Cuando nos mentimos, entramos en conflicto con nuestros cuerpos. Vivir nuestras vidas con un yo dividido, donde presentamos un aspecto al mundo y luego suprimimos y reprimimos el otro, nos impide decirle la verdad a nuestra mente y cuerpo. Y entonces experimentamos una desconexión que se manifiesta como una enfermedad emocional, mental, física y espiritual.

Muchos complacientes se castigan por procrastinar, vién-

dolo como otro defecto propio más. Pero la procrastinación es
como una válvula de escape que proporciona un alivio temporal de los hábitos agotadores. Ya sea que seamos conscientes
de ello o no, y de cómo y cuándo se manifiesta en nuestras vidas, es una forma de autoprotección. Sí, a veces lo hacemos
porque estamos retrasando y postergando algo, pero de manera inconsciente lo hacemos como una forma de distanciarnos
de todos nuestros *síes*.

No puedes pasar todo o la mayor parte de tu tiempo haciendo cosas desde el miedo y no experimentar el impacto en
tu bienestar. No estás diseñado para estar asustado todo el
tiempo o para estar bajo estrés crónico, no solo porque esto
te impide descifrar cuándo tienes algo que temer de verdad,
sino también porque estar en modo casi constante de lucha,
huida y congelación es malo para tu cuerpo. Es por eso que o
implosionas rompiéndote por dentro y experimentando una
enfermedad, una crisis nerviosa o agotamiento, o explotas y
desatas todo lo que has estado reprimiendo, algo que abordaremos en el último capítulo del libro. Tu cuerpo ha tenido
que hacer todo lo posible para detenerte en seco o hacerte ver
lo que cargas.

Aunque no soy médico, me parece fascinante que muchos
de mis amigos y lectores con antecedentes o experiencias similares, o que son complacientes parecidos, tengan tinnitus,
ansiedad, síndrome del intestino irritable, ataques de pánico,
migrañas y enfermedades misteriosas. No es una coinciden-
cia que haya experimentado tinnitus cuando pasé un periodo
prolongado esforzándome por lograr metas, sin darme cuenta de que me estaba lastimando al hacerlo por razones equivocadas y teniendo poco sentido de mis límites. Fue necesario agotarme, perder a mi padre, cumplir cuarenta años y
experimentar la perimenopausia para pasar de sentirme frustrada por mi cuerpo «defectuoso» a usar el tinnitus como

señal corporal para ayudarme a reconocer cuándo necesito escucharme y decirme *no*.

Al cuerpo no le gustan los conflictos ni las mentiras. Necesita que digas la verdad para que puedas estar bien. Dar la impresión de que lo que haces no te molesta ni te lastima, o que no requiere tanto esfuerzo como lo hace, o que no tienes necesidades, significa que las personas no tienen idea de que te estás ahogando, al mismo tiempo que puedes sentirte invisible y no escuchado. Pasa factura cuando lo que proyectas y retratas en el exterior está en desacuerdo con cómo te sientes de verdad en tu interior.

Nunca antes en la historia de los humanos hemos estado tan expuestos, no solo unos a otros, sino a este nivel de ruido (audio, visual, sensorial, juicio de otras personas). Llevamos vidas y repetimos patrones para los cuales nuestros cuerpos no están diseñados, de ahí que descubramos que las identidades en las que hemos confiado producen rendimientos cada vez menores que nos dejan confundidos acerca de lo que estamos «haciendo mal» y nuestra «indignidad». Gracias a la tecnología, tenemos más ventanas que nunca a la vida de los demás y numerosos medios para comunicarnos, compartirnos y conectarnos. A pesar de esto, estamos experimentando niveles sin precedentes de soledad, depresión, autolesiones, tasas de suicidio entre adolescentes, crisis de salud mental y agotamiento.

A veces, nuestra complacencia con las autoridades significa que confiamos ciegamente en ellas y actuamos en contra de nuestros instintos, lo que puede llevarnos a obedecer a un médico en lugar de buscar una segunda opinión, tal vez con consecuencias nefastas.

Hoy en día, los trabajadores de todo el mundo practican el presentismo y actúan como buenos trabajadores asistiendo incluso cuando una enfermedad u otros factores hacen que sean mucho menos productivos. Es parecer dócil mientras sentimos o hacemos lo contrario (agresión pasiva, un estilo de comunicación en el que todos participamos a veces). No nos sentimos bien o no estamos comprometidos, pero nos quedamos hasta tarde en el trabajo; nos saltamos los descansos; decimos sí incluso cuando realmente necesitamos, queremos o deberíamos decir *no*; o colapsamos en el trabajo para marcar la casilla de estar «presente».

Los gerentes, supervisores y jefes refuerzan la cultura del presentismo al chantajearnos de forma emocional y tratarnos como bebés grandes a quienes no se les puede confiar internet ni administrar su tiempo. Por eso tantas empresas afirmaron que el trabajo flexible o el trabajo desde casa no era posible, hasta que la pandemia y sus bloqueos llegaron y acabaron con esas mentiras en cuestión de horas.

El agotamiento (*burnout*) está aumentando de forma significativa, en parte porque ahora tenemos una palabra para algo que los humanos han experimentado durante mucho tiempo, pero también porque las crecientes exigencias del trabajo y la dificultad de separar el trabajo de nuestra vida cotidiana nos han generado una enorme cantidad de estrés y miedo a desobedecer y meternos en problemas. La cultura de explotación del trabajo en su conjunto es la razón de que 2021 fuera el año de la gran dimisión, debido a que los trabajadores dejaron sus trabajos a un ritmo récord.[3]

Las redes sociales e internet han hecho que sea mucho más fácil para nosotros compararnos, pensar que necesitamos ser más, hacer más y comprar más, y estamos agotados de intentar mantenernos al día con las expectativas.

Muchos estamos alterados y el coste insoportable de la obediencia incondicional en nuestro sistema nervioso es la razón por la que nos automedicamos y anestesiamos con exceso de trabajo, comida excesiva o insuficiente, abuso de sustancias, compras, sexo, juegos de azar y otras conductas compulsivas. Cuando finalmente alcanzamos nuestros límites a través de estallidos y desafíos, puede parecer horrendo, pero este colapso de nuestro falso yo es necesario si queremos dejar de sentir el dolor que pretendemos no sentir.

Tu sistema operativo está desactualizado

Algo que debemos entender sobre nosotros es que, sin importar si crecimos durante la Era de la Obediencia o no, gracias a cómo funciona el cuerpo, siempre íbamos a ser socializados y condicionados según patrones que luego, en la edad adulta, tendríamos que trabajar para romper. Déjame explicarlo.

Tu subconsciente, la parte de tu mente de la que no tienes plena conciencia, influye de forma significativa en tus hábitos, sentimientos y acciones y opera en conjunto con tu complejo sistema nervioso, que envía señales por todo tu cuerpo y responde a tu entorno.

Piensa en el subconsciente como un sistema de archivo mental que guarda cada acontecimiento de nuestras vidas y cómo hemos respondido. Es como las salas de pruebas y archivos de casos que se ven en los programas policiales, solo que enormes, dado que tenemos miles de millones de archivos.

Cada archivo contiene detalles del acontecimiento, como qué sucedió, cómo respondimos nosotros y los otros, e información sensorial del entorno. Encerrando esos detalles está la emoción asociada con ellos. Y esto es en cada acontecimiento, y aunque no recordamos la mayoría, nuestro sistema nervioso sí.

Cuando estás en una situación que tu subconsciente y tu sistema nervioso interpretan como similar a un archivo o una cantidad de archivos, se desencadena una secuencia de pensamientos, sentimientos y comportamientos que, por supuesto, extraerán otros archivos. Incluso si el acontecimiento no es el mismo que experimentaste antes, si sientes lo mismo al respecto, responderá como si lo fuera (acciones, pensamientos, más sentimientos) a menos que estés consciente, alerta y presente.

Esto significa que estamos entrenados para tener miedo de ciertas cosas por las razones correctas (poner la mano sobre una estufa caliente nos quemará). Pero también significa que, en función de cómo hayamos respondido cada vez que hemos tenido que, por ejemplo, decir *no* o poner límites, también podríamos tener un miedo desproporcionado al fracaso o al dolor, incluso aunque decir *no* y poner límites no esté «mal».

Dados los muchos acontecimientos de tu vida, de forma inconsciente y consciente has archivado por lotes hechos similares mediante el uso de asociaciones (las conexiones que hacemos entre las cosas). Yo digo «sal», tú podrías decir «pimienta». Tal vez pienses en comida o, como yo, empieces a cantar el icónico *Push It!* de Salt-N-Pepa. Del mismo modo, yo digo «no, pon límites, priorízate», y algo o alguien te vendrá a la mente. Un dicho, una palabra, una emoción, una crítica, una regla, una imagen de alguien, un recuerdo, una canción, un olor, una sensación física, *algo*.

Los humanos somos criaturas de hábitos. Si tuviéramos que pensar en cada cosa que hacemos, incluidas las funciones internas de nuestro cuerpo, explotaríamos. ¡Es broma! Pero nos agotaríamos de inmediato. Entonces nuestros cuerpos hacen lo suyo y desarrollamos muchos hábitos, rutinas de comportamiento, pensamientos y sentimientos que automatizan partes importantes de nuestros días y vidas, dejando disponible nuestro ancho de banda para concentrarnos en cualquier cosa que requiera nuestros esfuerzos conscientes.

Pero cuando seguimos respondiendo con los mismos hábitos de razonamiento, sentimientos y acciones, sin importar su verdad o relevancia, nuestro subconsciente y sistema nervioso interpretan esto como la respuesta «correcta», lo que fortalece y refuerza el contenido de ese archivo. Entonces, si decimos que somos «malos» cada vez que experimentamos sentimientos similares a los de cuando nuestros padres nos criticaron o no hicimos lo que nos dijeron, se convertirá en nuestra respuesta general y *predeterminada* a todas y cada una de las situaciones asociadas, y los sentimientos se intensificarán a pesar de que no reflejan nuestra realidad actual y nuestro yo real.

Pero aquí está el problema: tu subconsciente no sabe distinguir tiempos.

Pensamos que se basa en el presente, incluso en el pasado reciente. ¡No! Está basado en nuestros primeros años, en mi caso, allá por los años ochenta con el cabello muy rizado (y una era musical épica). Y la trampa en la que todos caemos hasta que adquirimos este conocimiento y usamos el *no* para despertarnos es asumir que nuestros cuerpos se basan en el ahora y que deberíamos poder seguir el programa. Asumimos que nuestros sentimientos son hechos y que las historias que nos contamos sobre nuestros sentimientos y nuestras experiencias también son hechos, cuando en realidad son solo hábitos y viejos malentendidos.

Comprender que no toda la información que tienes archivada es «correcta» es crucial para saber cuándo y cómo responder al impulso de ser complaciente, pero también para recuperarte a ti, para que puedas confiar en ti. Es demasiado esperar que un niño de cinco años, por ejemplo, sienta y perciba todo «correctamente». Si le pidiera a un niño que organizara su hogar o que hiciera los archivos de su negocio, no esperaría que lo hiciera de forma perfecta, así que ¿por qué seguir dependiendo de archivos que no se han actualizado durante mucho tiempo?

Tu identidad no coincide con quien realmente eres

Gran parte de lo que hacemos, en especial cuando es inconsciente, doloroso y repetitivo, tiene como objetivo complacer a las personas de las que dependíamos en la infancia, tratar de corregir los errores del pasado para satisfacer necesidades insatisfechas, y protegernos del rechazo y el abandono que temíamos o vivíamos de pequeños. Los patrones ocurren cuando vivimos de forma inconsciente y ser complacientes es estar en modo de piloto automático. Hemos estado funcionado tal y como estamos programados en lugar de desde las preferencias.

A la amígdala, la parte del cerebro que controla el miedo, le gustan tanto los patrones que prefiere lo familiar e incómodo al «peligro» de lo desconocido y siempre está lista para protegernos. Por eso, por mucho que nos quejemos de las reglas, confiamos en ellas porque nos dan una falsa sensación de control, aunque cumplirlas de forma incondicional signifique terminar sintiéndonos más culpables y asustados.

La parte de nuestro cerebro que almacena los hábitos (los ganglios basales) no diferencia entre los dañinos y los útiles. Se aferra a todos, como mi marido intenta aferrarse a todos los cables que ha tenido, incluso cuando ya no tenemos el dispositivo adecuado.

Los hábitos de pensamiento y comportamiento que adoptamos por defecto se convirtieron en *roles*, funciones que desempeñamos en nuestras relaciones interpersonales y que se convierten en nuestras máscaras y disfraces cotidianos. Este «papel» que creíamos que teníamos que adoptar, actuar y/o jugar era una respuesta a la dinámica de nuestros entornos infantiles. Nos propusimos ser y hacer ciertas cosas, y derivamos nuestro valor de nuestro(s) rol(es), usándolo(s) para encajar y hacernos sentir necesarios, decididos y seguros, pero como están basados en hábitos y razonamientos infantiles, también nos mantienen pequeños.

Parte del rol nos fue impuesto verbalmente («¡Eres el mayor, así que tienes que dar el ejemplo!») o mediante acciones (siendo tratados como terapeutas de nuestros padres o como sustitutos de cónyuges o hermanos), y asumimos parte de eso: «Mis padres me culpan de todo, así que tengo que asumir la culpa y ser el problema para encubrirlos».

Usamos las asociaciones positivas y negativas en nuestro «archivo» para elaborar las «reglas» e identificar nuestros roles en la familia, así como con nuestros pares y autoridades. Es como «si hago X (asumo mi rol y sigo las reglas), la gente hará Y (desempeñará su rol) y luego sucederá Z (mi resultado deseado)». Y luego la repetimos y la refinamos a medida que avanzamos, y esta programación se convierte en nuestra regla para saber cómo vivir.

No importa lo incómodos, limitados o desalineados con quienes somos realmente, absorbimos roles en nuestras identidades, sobre todo porque los hemos asumido para hacer frente y sobrevivir, y por eso se ajustan a las identidades de las personas clave que nos rodean. Es nuestra forma de «ayudar» y «ser buenos» para el bien de la familia. De hecho, desempeñar roles es codependencia; dependemos demasiado de forma emocional de los demás y no sabemos dónde terminamos nosotros y dónde empiezan ellos. En lugar de ser más quienes realmente somos, hacemos lo que creemos que se adapta a las personas que nos rodean y a nuestras agendas.

Y aunque ahora somos adultos y podemos estar rodeados de personas y circunstancias por completo diferentes; en cualquier situación que active al complaciente, seguimos desempeñando el rol como si nada hubiera cambiado en un intento de satisfacer viejas necesidades insatisfechas y corregir los errores del pasado.

Nuestras asociaciones y los roles que desempeñamos explican por qué tenemos dificultades para comprender nuestros desafíos o confrontar nuestro bagaje emocional. El condicionamiento social nos ha enseñado lo que constituye una «buena infancia», por lo que descartamos y minimizamos nuestras experiencias o tenemos un gran ángulo ciego a la hora de reconocer el viaje que hemos recorrido hasta este punto. Podríamos argumentar: «¡Pero mis padres todavía están juntos!» o «mis padres me amaban», como sugiriendo que solo las personas de «hogares desestructurados» o de infancias horribles deberían, por ejemplo, tener baja autoestima o un patrón de relaciones poco saludables. Pero la respuesta está en los roles que hemos aprendido a desempeñar.

Esto no significa que ser complaciente sea igual a una «mala infancia», sino que, «buena» o «mala», todavía tenemos un bagaje emocional, y tal vez un trauma, que superar. Las investigaciones muestran que las experiencias infantiles adversas (ACE) impactan en nuestra salud de forma significativa durante toda la vida.[4] Incluso sin una experiencia en la lista ACE,[5] suprimir y reprimir nuestras emociones (sí, eso sería complaciente) pone en peligro nuestra salud y bienestar.[6]

Nuestros mecanismos de afrontamiento y supervivencia para evitar el *no* siendo complacientes al desempeñar roles nos ayudaron a superar la niñez, pero no nos ayudarán a prosperar porque son desadaptativos. La antigua programación se vuelve cada vez más ineficiente, de ahí que ser complaciente ya no genere los resultados o las recompensas que solía generar y afecta a nuestro bienestar.

Por eso decir *no*, priorizarse, intentar ser asertivo o hacer cambios muy necesarios en la edad adulta te hace sentir mal. Está fuera de tu zona de confort y, como el rol se ha convertido en tu identidad, romper el patrón te hace sentir desleal, malo y desobediente debido a su conexión con las personas con las que creciste y lo que te enseñaron que te haría una buena persona y feliz. También tienes miedo de que no te necesiten y de que estés obligando a otra persona a abandonar su rol poco saludable e invitando a una mayor alienación y abandono. Es como «¿quién soy yo sin ser complaciente?». La respuesta: tú mismo.

Todos los días escucho a personas frustradas consigo mismas y con sus vidas. Se castigan porque piensan que debieron saber algo o haber sido más resilientes o que algo va mal en ellas y no son lo suficientemente buenas. Pero, hasta donde sé, ninguno de nosotros despertó en su decimoctavo cumpleaños con un genio junto a la cama dándole la bienvenida a la edad adulta y un brillante manual de instrucciones sobre cómo vivir la vida. ¿Cómo podríamos encontrar alegría al decir *no* cuando el mundo nos enseña que decirlo está mal?

Entonces, cuando nos castigamos por lo que equivale a tener un bagaje emocional con el que nunca hemos aprendido a lidiar, sin importar cómo sentir nuestros sentimientos, satisfacer nuestras necesidades y conocer nuestros valores y límites, estamos ignorando que hemos sido socializados y condicionados para pensar, sentir y actuar como lo hacemos. Por eso la edad adulta consiste en desaprender todos los mensajes improductivos y dañinos que hemos aprendido a lo largo del camino, para poder convertirnos en quienes realmente somos al alinearnos con nuestras verdaderas preferencias, principios y prioridades: nuestros valores. También es la razón por la que sigues topándote con los mismos problemas y sentimientos: tu subconsciente siempre está tratando de darle sentido a la programación. Pero si no actualizamos el sistema operativo asumiendo la responsabilidad de nosotros mismos y usando el *no* para curarnos con límites más saludables, nuestros cuerpos se apegarán a sus valores predeterminados.

- Hay un «porqué» en todo lo que hacemos (nuestras intenciones) y saber el motivo por el que hacemos algo nos ayuda a vivir con una intención más consciente. Cuando somos conscientes de nuestras intenciones, disfrutamos resultados más exitosos, mientras que cuando no lo somos, nos engañamos y luego nos sentimos heridos por los resultados. Prestar más atención a nosotros y a nuestro «porqué» rompe el ciclo de problemas y situaciones tipo día de la marmota, actualizando nuestro subconsciente y sistema nervioso para que podamos cuidarnos mejor y comprender cuándo estamos inseguros de verdad.

- Si cumplir con algo significa que no puedes ser un adulto y satisfacer tus necesidades de manera saludable al mismo tiempo, debes decir *no*.

- Como no podemos ver automáticamente de un vistazo cuál es la longitud y la amplitud de los límites de una persona, la única manera en la que puedes tener límites es conocerlos y comunicarlos a través de lo que dices y haces (o de lo que optas por no hacer).

- No hay nada malo en querer hacer cosas por los demás, pero conoce tu «porqué». La forma en que te sientes, así como tus patrones, resultados y consecuencias, te dicen algo sobre la integridad de tu *sí*. Debes aprender a ser responsable de y con tu *sí* para que tu *sí* no suponga diezmar tu bienestar en el proceso.

- Cuando complaces a la gente, estás respondiendo al pasado, no al presente. No estás obligado a decir que sí cuando no lo necesitas, no quieres o no deberías. No es tu trabajo.

- Nuestros cuerpos necesitan que les indiquemos y les demos información de manera consciente para establecer nuevas vías neuronales y respuestas actualizadas.

No podemos seguir afrontando todas las situaciones con el mismo bagaje (creencias, comportamientos, elecciones) y esperar un resultado diferente, para luego sorprendernos cuando terminamos en el mismo lugar (y después enjabonar, enjuagar y repetir).

Así que es hora de descubrir cómo se manifiesta tu rol al comprender el tipo específico de complaciente que eres. Ya sea tratando de ser bueno, esforzado, evasivo, salvador o sufrido, puedes empezar a eliminar actitudes y recuperarte.

PARTE 2

Los cinco estilos de complacientes

A lo largo de años de observar e investigar el comportamiento humano y la dinámica de las relaciones, me ha fascinado que los mismos patrones surjan una y otra vez, como si hubiera un libro de jugadas secreto o un Hogwarts para complacientes. Está tan extendido y recibe tantos nombres y descripciones que ni siquiera conectamos con el hábito.

Por ejemplo, en relaciones que involucran falta de disponibilidad emocional, la pareja más pasiva desempeña roles que hacen que la persona no disponible de forma emocional con el tiempo explote de repente y quede emocionalmente libre, dispuesta a comprometerse o dispuesta a dejar de maltratarla. Sí, eso sería complacencia.

También hay una tendencia a que las personas se describan como empáticas cuando son capaces de percibir el estado emocional o mental de otra persona, pero no se dan cuenta de que, si lo que están haciendo no tiene límites y se percibe como una responsabilidad y un deber de gran peso, lo que están describiendo es complacencia.

Otra forma en que las personas que se consideran muy trabajadoras y triunfadoras se describen a sí mismas es como *perfeccionistas*, pero lo hacen disculpándose y al mismo tiempo fanfarroneando encubiertamente porque creen que es una síntesis de cualidades loables y apreciadas. Pero cuando no se trata tanto de estar centrado en los detalles y trabajar con altos estándares y más de encubrir sentimientos de baja autoestima y tratar de controlar lo incontrolable, también describen a los complacientes.

No importa la descripción (ya sea que te llames dador, dador excesivo, buen chico, pensador excesivo, rumiador, procrastinador, demasiado responsable, la persona a quien recurrir, demasiado empático, la persona de la que se aprovechan habitualmente, la incomprendida, la buena chica), todas son formas diferentes de decir lo mismo. Toda la gente complaciente encaja en uno de estos cinco estilos: bueno, esforzado, evasivo, salvador y sufrido. Se trata de ser bueno y quedar bien ante los demás; esforzarse para lograr o demostrar lo que somos; ser evasivos; salvar a las personas mediante la ayuda y el sacrificio de uno mismo, y sufrir para demostrar lo buenos que somos o para redimirnos, ganar aceptación y estar a salvo. Cada estilo utiliza aquello de lo que obtiene valor para influir y controlar los sentimientos y el comportamiento de otras personas, intentar conseguir y evitar las mismas cosas repitiendo patrones, y tratar de corregir los errores del pasado y cuidar viejas heridas, pero desde diferentes ángulos y con diferentes enfoques.

Tu estilo de complaciente se reconocerá por las formas en las que haces lo siguiente:

- Intentas satisfacer tus necesidades y deseos sin preguntar ni ser directo en tu comportamiento.
- Tratas de satisfacer las necesidades y deseos de otras personas, e influyes y controlas sus sentimientos y comportamientos.
- Desempeñas roles que has aprendido y adoptado para sentirte necesario, decidido o valioso.
- Respondes a las expectativas internas (tuyas) y exter-

nas (las de los demás), incluidas la obligación, el deber y la culpa.
- Todavía cargas con dolor, miedo y culpa por las viejas heridas y pérdidas que provocan tu ser complaciente.

Puede que te identifiques con varios estilos, pero uno o dos prevalecerán. Aunque comparto ejemplos de experiencias que pueden llevarte a adoptar cada estilo y características de los roles, estos pueden aplicarse en los otros estilos, por lo que te animo a leer cada uno porque todos son complacientes. También reconocerás a tus seres queridos (y no tan queridos) y los roles que desempeñan.

La clave es reconocer lo que más te motiva y te impulsa, porque eso te dará información sobre lo que valoras y lo que temes, y esto se mostrará en los temas y patrones de tu vida. Cuando consideres lo que desencadena la ansiedad, la preocupación o la evitación, y los roles típicos que tiendes a desempeñar en tus relaciones interpersonales, verás el patrón de lo que te impulsa en uno de estos estilos de complaciente.

Identificar tu estilo no significa definirte y encasillarte; es comprender dónde intentas encajar y cómo tu educación y tu bagaje emocional se manifiestan en cómo suprimes y reprimes tus necesidades, deseos, expectativas, sentimientos y opiniones para poder liberarte del patrón.

Por ejemplo, digamos que dejas de ser complaciente en el trabajo porque te hace sentir como una mierda y lo haces para controlar las percepciones de otras personas. Si un compañero de trabajo te dice que echa de menos al «viejo tú», no tienes que rendirte y volver a ser como eras. Por supuesto que echan de menos esa versión de ti (en especial si se beneficiaban de ella), pero vivirán. ¡Y tal vez encuentren un nuevo objetivo!

Esto significa que sin importar qué tipo de complaciente seas y con qué frecuencia lo hagas, tu ser complaciente está impulsado por motivaciones ocultas. No estás haciendo algo porque represente tus verdaderos valores e intenciones y cómo te sientes, sino por lo que estás tratando de conseguir o evitar.

> Recuerda que lo que provoca el ser complaciente es el «porqué» detrás de eso y cómo te sientes, no cómo crees que se ve, tus buenas intenciones o cómo lo perciben los demás.

3
Bueno

Cuando Victoria, una alta ejecutiva de unos treinta y tantos años en una de las empresas más grandes del mundo, oyó a sus colegas chismorrear y quejarse sobre la administración en una convención interna, los denunció por no comportarse de una manera que respetara los estándares de la empresa. Lo que sucedió a continuación la molestó y confundió de manera profunda: la gerencia reprendió a sus compañeros, y cuando esos compañeros descubrieron que ella era la informante, se distanciaron y empezaron a comunicarse con ella solo cuando era absolutamente necesario.

Durante un tiempo, cada día era una tortura, y eso fue en la primera década del siglo XXI, cuando trabajar desde casa no era una fórmula que se pudiera usar de escape. Para aumentar su dolor, se había vuelto de dominio público que los había «acusado», por lo que ahora su confianza estaba en duda y no parecía la jugadora de equipo que había pensado que sería. El comportamiento de sus colegas le pareció muy injusto, en especial teniendo en cuenta que ella había estado tratando de «hacer lo correcto» y ser una «buena empleada», por lo que no podía entender cómo había terminado siendo la mala.

Pero Victoria no reconocía que, en su búsqueda no solo de ser buena sino de demostrarlo a la gerencia, había puesto a sus colegas entre la espada y la pared. También quería salir con las manos limpias y el anonimato necesario para poder seguir viéndose y sintiéndose bien consigo misma mientras disfrutaba de los beneficios de una mejor relación con los superiores. Y esto no solo le resultó muy contraproducente, también le impidió reconocer su falta de autenticidad, sus motivos dudosos y su falta de empatía con sus compañeros de trabajo.

> El bueno es el estilo de complaciente de gestión de imagen y reputación que se centra en tratar de influir y controlar los sentimientos y el comportamiento de otras personas actuando como una «buena persona» para crear autoestima y ganarse el derecho a satisfacer necesidades y deseos.

Si bien puede abarcar aspectos de otros estilos (y viceversa), el principal impulsor y motivación para el bueno es la necesidad de agradar y ser considerado bueno para sentirse seguro y valioso. Se trata más de percepción que de hechos.

Muchos complacientes que se identificarían con el estilo bueno pueden desempeñar algunos de los siguientes roles:

La buena chica/chico/algo	El hijo/hija obediente
El segundo mejor/ El ignorado	La bonita/popular
El exitoso/importante	El que tiene que estar feliz todo el tiempo
El pacificador/diplomático	El que siempre se echa atrás

Los orígenes del bueno

Por lo general, un bueno típico es el que creció en un ambiente donde los adultos ponían como modelo la bondad incluso si no la enfatizaban, o donde mantener las apariencias de ser bueno era la prioridad, o donde ser bueno era autoprotegerse contra el maltrato de los demás.

Algunos llegaron a desempeñar su rol porque recibieron un refuerzo positivo por ser callados, educados, amables, no ser egoístas, tener ganas de agradar, portarse bien, aceptar las cosas, sacar buenas calificaciones, ser popular o ser muy respetado. Esto creó nerviosismo por decepcionar a cualquiera que pareciera muy interesado en que fuese de esta manera.

Cuando, por ejemplo, sus padres sugieren las universidades a las que deberían postularse y visitar, los cursos a los que deberían apuntarse, las carreras que creen que son más adecuadas, con quién deberían salir o casarse, etcétera. Bueno no siente que pueda expresar su desacuerdo. O, cuando contempla hacer algo que se desvía de su identidad establecida, experimenta ansiedad, autocrítica e indecisión que lo convencen de que está cometiendo un terrible error. Entonces se apega a hacer el bien.

También hay algunas chicas buenas y algunos chicos buenos cuya apariencia, talentos o familia los han mantenido protegidos de algunos de los aspectos desagradables de la vida. La gente veía lo mejor en ellos sin pruebas y, a veces, exageraba o inventaba sus características o habilidades. Pero, tal vez, las personas también decidieron que necesitaban menos o que eran más resilientes o robustas, por lo que es posible que estas chicas y estos chicos buenos no consideraran que podían mostrar dificultades o cualquier cosa que desafiara el statu quo. Si bien algunos dirían que está genial que la gente piense bien de ti sin tener que hacer nada, cuando esta percepción se combina con la autoestima de alguien e impide que sea visto y escuchado de verdad, se convierte en una presión interna para reprimir su ser completo y jugar con los estereotipos, proyecciones y suposiciones de la gente.

Otros buenos llegaron a desempeñar este rol como respuesta a una crianza y apoyo inadecuados, o porque interiorizaron la creencia de que había algo no lo suficientemente bueno en ellos que tenían que compensar o borrar con el «bueno». En algunos casos, las personas asumían lo peor de ellos o tenían bajas expectativas basadas en estereotipos, proyecciones o comparaciones injustas (como asumir que no llegarían a nada debido a su raza, peso, capacidad o procedencia) y toda su vida subconscientemente han tratado de refutar esas suposiciones. Debido a que los buenos están tratando de solucionar un problema que no tienen (la indignidad o la culpa por los sentimientos y el comportamiento de otras personas) con una solución que no necesitan (su propia bondad), se refuerza la creencia de que nunca son lo bastante buenos.

Aunque las personas no dicen lo que el bueno tiene que cumplir (porque nunca se han involucrado de verdad en un pensamiento crítico sobre sus necesidades, deseos y expectativas), experimentan lo que puede convertirse en una ansiedad abrumadora no solo por no hacer lo que los demás quieren, sino también por estar al día con las expectativas de la gente y parecer feliz por ello.

También es seguro decir que gracias a la Era de la Obediencia, algunos buenos aprendieron el hábito porque es el modelo que tenían o enfatizaba de forma verbal sin importar qué estuvieran haciendo los adultos. Entonces, si venían de un hogar donde todos señalaban su bondad o seguían hablando de «buenos valores», se sentían obligados a encajar para no dañar la reputación de los adultos. Esto puede deberse a la religión («Este es un buen hogar X, y nosotros no hacemos Y»), o a que los adultos se enorgullecen de ser un cierto tipo de personas o familia («Eres un Lue, y eso significa algo. No lo olvides»).

Si los adultos no se portaban muy bien, pero querían mantener las apariencias fuera del hogar, necesitaban que su hijo compensara sus «malas» acciones pasadas o querían evitar que su hijo siguiera sus pasos, asegurándose de que su hijo fuera obediente. Por eso escuchamos con frecuencia que «los trapos sucios se lavan en casa», ya que las apariencias engañan. También es la razón por la que los padres y cuidadores pueden haberse centrado en la castidad, limitar la vida social del niño, controlar su horario llenándolo de actividades orientadas a los logros o impedirles por completo tener amigos.

Tratar de controlar la bondad de un niño para defender o reforzar la reputación del adulto o corregir algo sobre sí mismo genera una relación entrelazada en la que el niño es tratado como una extensión del adulto. Cuando el niño cumple con las expectativas, el adulto y el niño son «buenos», pero cuando el niño no lo hace o el adulto no es feliz consigo mismo o con el universo a pesar de sus denodados esfuerzos por controlar al niño, el niño repentinamente tiene la culpa de herir el ego del adulto.

Las familias o grupos que se enorgullecen de hacer el bien a menudo cierran filas cuando alguien se desvía o revela un abuso u otras malas acciones por parte de un miembro. Entonces, parte de lo que puede enseñarle a una persona a ser «buena» (o hacer que tenga miedo de dejar de ser complaciente) es un código de silencio, secretos y vergüenza.

Sin importar cómo es que un complaciente llegó a adoptar el estilo bueno, casi siempre se debe a su eficacia para limitar o eliminar las consecuencias negativas en la infancia, como la crítica, el castigo físico, el ser señalado o avergonzado, o el escrutinio. Resultó eficaz para complacer a un padre o cuidador expectante, culpable o dictatorial que destacaba la importancia de ser bueno o mantener las apariencias o esperaba que el niño los hiciera felices. En algunos casos, también resultó eficaz para distanciar y diferenciar al niño de ese mismo padre. A menudo, las mismas personas que te presionan para que seas bueno no son necesariamente las que se portan mejor.

Si bien es posible que el bueno haya tenido lo que considera una «buena infancia» (y eso es muy subjetivo, como expliqué en el capítulo 2), algo en sus primeras experiencias le enseñó que ser bueno, obediente y dócil, seguir las reglas y cumplir con los deberes era indispensable para ganar atención, afecto, aprobación, amor y validación. La conclusión fue que ser bueno era su trabajo principal en la vida y no solo lo haría digno, valioso y exitoso, también ayudaría a su familia de alguna manera. En última instancia, le enseñó que la apariencia de las cosas importa más que cómo son y que su valor y seguridad radican en ser complaciente con la gente que decide si eres bueno y digno. El bueno adoptó este mensaje de la infancia como sus expectativas y narrativas.

Esto significa que, aunque, en el fondo, un bueno se preocupa y anhela la intimidad, la conexión, la honestidad y la lealtad, en lugar de ser «bueno» desde un lugar en el que se muestra auténticamente y dejar que eso hable de quién es, oculta su yo auténtico y actúa como una buena persona según lo que el contexto le requiera. Harán lo que les digan, seguirán las reglas o mantendrán la fachada para mostrar lo buenos que son, incluso si se sienten diferentes por dentro. A veces también invertirán más en crear la apariencia de ser buenos y en afirmar que tienen buenas intenciones que en reflejarlas verdaderamente en sus acciones.

Debido a que los buenos encubren la ira, el control y las intenciones ocultas con ser buenos y amables, cuando experimentan conflicto, crítica, decepción, rechazo y pérdida (los inevitables de la vida), interpretan la presencia de estos como desaprobación. Entonces no puede ser simplemente una diferencia de opinión o que alguien dijo que no o que son incompatibles. Siempre se convierte en una expresión de desaprobación sobre lo buenos, valiosos o merecedores que son. Si bien los buenos son aparentemente dóciles, a menudo están furiosos o heridos por dentro.

Usan el ser complaciente para comprar créditos para evitar que las personas sientan que pueden estar en desacuerdo con ellos, decepcionarlos o estresarlos. Si el bueno decide expresar enojo, frustración, incluso sus necesidades, deseos y expectativas tardías, espera que su bondad sea tenida en cuenta y que la persona modifique su comportamiento en consecuencia. Lo cual no sucede.

Los buenos odian no agradar o cualquier sensación de desaprobación, real o imaginaria. Lo perciben como un error, en especial si creen que no tiene justificación (rara vez lo creen) pues han cumplido todos los requisitos o si viene de alguien a quien admiran o cuya aprobación anhelan.

También luchan cuando se trata de alguien que no les agrada, incluso si no lo admiten. Aquí, se muestran particularmente ofensivos y equivocados, sobre todo porque cuando a los buenos no les gusta alguien, tiende a ser porque no se comportan como los buenos o porque están siendo recompensados de maneras que a los buenos les parecen inmerecidas. Como pretenden llevarse bien con personas con las que se sienten incómodos o que les desagradan, los buenos no entienden por qué otros no pueden hacer lo mismo. Dado que dedican gran parte de su ancho de banda a evitar los límites y a no denunciar las cosas, es normal que les parezca escandaloso que otras personas lo hagan.

Cuando alguien no parece comprender o preocuparse por sus buenas costumbres o expresa desaprobación, o cuando el bueno experimenta desafíos a pesar de lo «bueno» que ha sido, se vienen abajo. Esto le provoca auténtica confusión, vulnerabilidad, indignación, resentimiento y, a veces, rabia.

Y así, los buenos, como todos los complacientes, se toman en serio los desafíos inevitables de la vida porque van en contra de todo lo que se han dicho a sí mismos sobre cómo deben ser. Estos desafíos, que los empujan a tener límites más saludables y a sanar las heridas que deja el bien, se convierten en críticas y ataques a la creencia en el cuento de hadas de la bondad. Su confianza y lo que harán o no harán depende de creer que son una buena persona, casi irreprochable, y de que se trata de una meritocracia que siempre recompensa la bondad, incluidas las buenas intenciones y la apariencia de ser mejores que los no tan buenos. Por supuesto, el mundo no funciona así.

Sabes que tu estilo es «bueno» si...

- El principal impulsor de tus acciones, pensamientos y elecciones es ser percibido positivamente a toda costa.
- No dices *no* por cómo crees que te hará parecer (por ejemplo, ingrato, difícil, malo, desobediente) o porque eres «buen» algo (por ejemplo, buen cristiano, buena persona), o porque crees que decir *no* y establecer límites duele, incomoda o avergüenza a las personas.
- Te cuesta aceptar que no le gustas a alguien o que no tienes una buena relación con esa persona a pesar de lo bueno y amable que has sido.
- Harás algo que no deberías (o no quieres) para que la otra persona se sienta bien o para no complicar las cosas.
- Cuando la vida no va como quieres; cuando la gente te enoja, te rechaza o te decepciona, o cuando no recibes

validación y reconocimiento, respondes preguntándote por qué le pasó esto a una buena persona como tú, pensando en que solo querías hacer lo correcto, o sientes que no hiciste nada que justificara los sentimientos, acciones y elecciones indeseables de alguien.

- Les dices a las personas lo que crees que quieren escuchar (y, a veces, lo que quieres que escuchen) para resultar atractivo, para parecerte a ellos o para que ambos os sintáis bien en el momento, lo que a veces lleva a tener que dar marcha atrás o adelante con algo.

- Tienes un fuerte sentimiento de verte obligado y culpable; y seguirás las reglas, te adherirás a los estándares y cumplirás incluso cuando no te parezca correcto, sea innecesario, no tengas el ancho de banda mental o no coincida con tus valores.

- En algún nivel, crees que deberías conseguir o que conseguirás lo que necesitas, deseas y esperas si has sido o eres una buena persona (o crees que eres mejor que alguien que crees que no es tan bueno).

Como bueno existe una clara posibilidad de que, a diferencia de otros tipos de complacencia, ya seas consciente de que eres un complaciente porque te preocupas mucho por agradar y desagradar, así como por quién y qué es lo correcto o incorrecto. Incluso si no lo admites o tienes poca conciencia de ello, de verdad te importa lo que piensen los demás. Intentas cultivar la imagen correcta que indique que eres bueno en un intento de controlar las percepciones que la gente tiene de ti para que te recompensen en lugar de lastimarte o desaprobarte.

Es una combinación de buscar el sentido de uno mismo a través de lo que piensan los demás con reforzarse y protegerse midiendo y juzgando su propia bondad (y la de otras personas); el buenismo depende en gran medida de los deberes y las reglas para guiar el pensamiento, el comportamiento y las elecciones. Esto también prioriza verse bien o ser bueno por encima de todo, incluso cuando eso genera dolor, problemas y perderte a ti mismo.

Cuando te esfuerzas para no decir *no* o no dices *no* es porque tienes miedo de que hacerlo y no continuar con tu versión de ser bueno haga que los demás (o tú) queden mal o que suceda algo terrible. Sería como si dijeras «Candyman» en el espejo cinco veces, como en la película de terror, y ahora miraras por encima del hombro esperando que te destriparan.

En lugar de ser bueno como parte de tus valores y de tu ser auténtico, asumes la personalidad de ser bueno. Esto adquiere la forma de ser un bueno que se apega bastante rígidamente a la misma versión de ser bueno, casi como pintar por números o llamar por teléfono o ser un camaleón que cambia de forma según lo que creas que requiere la situación o la persona.

Es posible que ya tengas un largo historial de ser no solo bueno, sino también recompensado por ello y tratar de mantenerlo o superarlo. O tal vez hayas pasado la mayor parte o toda tu vida tratando de ser bueno, pero hasta ahora no has logrado el nivel deseado de reconocimiento, estatus y poder. De cualquier manera, es lo que se ve que estás haciendo y lo virtuoso o positivo que te autopercibes lo que crees que te dará la validación y la recompensa que anticipas y deseas.

Es la necesidad de que se vea tu «bondad» y al mismo tiempo esconderte detrás de la apariencia de desempeñar roles lo que forma la columna vertebral de tus problemas. A menudo estás preocupado por crear la *impresión* de que las cosas están *realmente* bien. El bueno toma lo que técnicamente pueden ser buenas intenciones y acciones y no solo las convierte en complacientes debido a una intención subyacente y sentimientos de complacencia, sino que a veces resulta que eres falso sin darte cuenta, explotándote o poniéndote en peligro, o sobre-pasando los límites de otras personas.

Esto es lo que vimos con Victoria, porque la realidad es que la gerencia supo de la deslealtad de sus compañeros de trabajo solo porque ella lo mencionó. Y no tenía por qué hacerlo, pero la situación activó su sentido de bondad, y fue como si tuviera una piedra caliente en las manos. Necesitaba que sus superiores la vieran como buena y supieran que ella no era como ellos. Y justificó sus acciones porque encajaban con las personalidades de la Buena Chica y el Buen Empleado. Lo que no consideró era cómo encajaba con su integridad y cómo experimentaría las consecuencias imprevistas de sus acciones.

Sin importar qué significa para ti ser «bueno», lo que en realidad impulsa tu pensamiento, tu comportamiento y tus elecciones es una ansiedad subyacente por dar un paso en falso y dejar de ser percibido como bueno, un deseo de demostrar de una vez por todas que eres lo suficientemente bueno, o un miedo a que la gente te confunda con uno de los malos. Así que te esfuerzas por ser la persona de buen comportamiento que te enseñaron a ser o que crees que merece aprobación, y te apegas a opiniones, comportamientos, personas, trabajos, intereses y estilos de vida que son una síntesis de «soy una buena persona» y no provocaré desaprobación ni otras consecuencias negativas. Esto puede significar ser falso, camaleónico u odiarse a sí mismo.

Muchos buenos no entienden por qué sus relaciones fracasan cuando han «sido buenos» al ser lo que pensaban que la otra persona necesitaba y quería y no hicieron nada «malo». Piensan que ser bueno significa ser complaciente y adaptarse siempre a las necesidades y deseos de los demás. Pero, justo por eso, terminan sintiéndose abandonados, abrumados, agotados y resentidos. No se dan cuenta de que no están siendo ellos mismos y que eso es un problema para una pareja que quiere una relación íntima con alguien, no con una persona que solo dice sí. Otros bajan el tono para evitar ser la mujer de color enojada o el homosexual demasiado gay, por ejemplo, o atenúan su luz para no eclipsar ni alienar a un ser querido.

Aunque ser bueno puede parecer similar a sentirse bien, estás poniendo una burbuja aislante a tu alrededor que te impide sentir demasiado. Ser y hacer cosas para indicar que eres una buena persona puede hacerte sentir bien temporalmente, pero no te hace sentir bien contigo mismo porque existe el temor de no estar a la altura de la persona bondadosa al respetar tus límites. También es imposible gastar tu ancho de banda mental tratando de evitar ser malo o intentar compensar la llamada maldad y no tener una relación complicada con la vergüenza.

Claro, puedes elogiarte y enorgullecerte de tu sentido de la bondad o de lo mucho que crees que has complacido a los demás, pero como cualquier estilo de complaciente, ser bueno te adormece para que no tengas que ser demasiado consciente de tus verdaderas necesidades, deseos, expectativas, sentimientos y opiniones, o sentir el verdadero impacto de todo este ser «bueno».

Temas comunes

- Pensar que mentir está bien si hace que los demás se sientan bien o se ajusta a la imagen de que tú eres una buena persona.
- A veces, hacer cosas como si fuera un ejercicio de marcar casillas para poder estar seguro de que eres bueno y estás teniendo éxito, o para aliviarte de la culpa.
- Suponer que las personas que ejercen determinadas profesiones o que profesan una religión, o que tienen inte-

reses nobles son «buenas» y comparten valores e intenciones similares a los tuyos; ser inadvertidamente superficial y guiarse por el estatus, la popularidad y la apariencia.

- Elegir tus estudios, carrera, relación, vivienda o cónyuge basándote en lo que agradaría a los miembros de la familia o lo que se considera socialmente aceptable o de alto estatus.

- Compararte con los demás y tener miedo de dar un paso en falso una vez que conoces las reglas o estándares, incluso los poco realistas o innecesarios.

- Ser malinterpretado como distante o superior, por ejemplo, porque te enorgulleces de no involucrarte en chismes o políticas de oficina o hablar fuera de turno.

- Tener dificultades para ocuparte de tus asuntos, en especial cuando eso activa tu lado más moralista.

- Tener ideas y reglas fijas sobre lo que tú y los demás deben hacer dentro de una relación para que se considere «buena», y sentirte frustrado y abandonado cuando las personas no están a la altura de la imagen que tú habías dibujado en tu mente.

- Tener un pasado rebelde que ahora intentas compensar viviendo una «buena» vida o continuando con una doble vida.

- Basar las decisiones, grandes y pequeñas, en lo que les parecerá bien a los demás y en cómo crees que serán juzgadas, por lo que puede resultarte complicado contemplar la posibilidad de hacer algo muy diferente de lo que la gente espera de ti.

Fortalezas y retos

- Seguir reglas y cumplir con las expectativas internas y externas sin cuestionarlo, en especial si se presentan como algo que tiene que ver con ser bueno o ser lo esperado, lo que puede hacerte extremadamente confiable y dedicado... hasta el agotamiento.
- Dar gran valor a ser amable, generoso, reflexivo, concienzudo, etcétera, lo que significa que puedes ser muy agradable y confiable, pero ser consciente de ti mismo puede resultar amenazador y provocar ansiedad.
- Estar muy atento y en sintonía con las necesidades de los demás, posiblemente muy sensible y empático, pero esto también puede convertirte en un camaleón al adaptarte a lo que intuyes o sabes, y puedes perderte y ser falso sin darte cuenta.

Cosas a las que debes poner atención

- Imponer tus estándares de bondad a tus seres queridos y, por lo tanto, tratar de presionarlos para que hagan cosas o se sientan mal cuando no te dan una palmadita en la espalda por tus buenas acciones.
- Arrinconarte al usar tu identidad como justificación de por qué no puedes decir *no* o tener límites y punto, y luego martirizarte. Por ejemplo, «soy un buen cristiano, así que no puedo decirle al miembro invasivo e inapropiado de mi iglesia que no estoy interesado en salir con él y que deje de acosarme».
- Llevar la puntuación y estar tan preocupado por el buen trabajo que crees que estás haciendo o por cómo crees que te muestras al mundo que no haces preguntas

ni pones atención a lo que sucede en la vida de tus seres queridos ni valoras sus contribuciones.

- No abordar problemas de límites con otras personas porque no quieres parecer una mala persona o porque estás tratando de mostrarles lo buena persona que eres, solo para que ese individuo viole tus límites o que la situación se convierta en un comportamiento obsesivo o violento hacia ti o hacia tus seres queridos.

La alegría de decir no: cambio rápido

- Cuando te encuentras en situaciones difíciles es porque te has alineado con la identidad del bueno, no con quién eres. ¿Estás haciendo esto porque es lo que eres o porque estás tratando de que la gente piense en ti de una manera particular?
- Pregúntate: ¿a qué consecuencias me estoy exponiendo por evitar decir *no* y quedar bien? Por ejemplo, comer alimentos a los que eres alérgico o que no reflejan tu dieta para evitar decepcionar a tus padres. ¿Las consecuencias reflejan el tipo de relación que quieres tener con ellos?
- Observa dónde piensas que alguien no reconoce tu bondad y cómo eso influye en tus acciones y elecciones posteriores (por ejemplo, ponerte en modo de entrega excesiva).

4

Esforzado

Angeline ha querido dejar de tener citas y sentar cabeza durante mucho tiempo, pero tiene cuarenta y tantos años y lucha con un ciclo de decepción que le provoca ansiedad. Conoce a alguien a través de una aplicación de citas; a las tres citas, ella ya siente algo, aunque también registra pequeñas señales de alerta que evita analizar. Ella cree que la relación va a alguna parte porque «se llevan muy bien» o porque no le han dicho rotundamente que no sienten lo mismo. Y luego supone (o ellos lo afirman cuando finalmente ella les pregunta o expresa su ansiedad por sus maneras evasivas o turbias) que no están buscando una relación.

En lugar de alejarse cuando es evidente que no están en la misma página o que la relación desencadena hábitos impulsados por la ansiedad que minan su autoestima, redobla esfuerzos y se siente más involucrada, ya que no quiere que esto termine todavía. Se pregunta qué hizo para desanimarlos cuando dijeron que estaban abiertos a una relación.

En persona, se pone la máscara de Miss Simpatía y se esfuerza para demostrar por qué deberían elegirla. En privado, deja de dormir y comer, y se pone a trabajar en exceso mientras lucha contra pensamientos sobre lo que no tiene y por qué, si pueden encontrar tiempo para comer o mirar las redes sociales, no pueden comunicarse ni gastar dinero ni tiempo juntos. Cuanto más lo intenta, más se siente con derecho a cuestionar la situación, plantea sus preocupaciones o necesidades y luego se echa atrás cuando no responden como ella quiere, seguido de más esfuerzo y más retroceso. Angeline no se da cuenta de que sus expectativas se basan en sus esfuerzos, no en la realidad o el respeto por sí misma.

> El esforzado es el estilo de complaciente que utiliza el esfuerzo, los logros y el perfeccionismo para crear autoestima y ganar aceptación y seguridad.

Para un esforzado, el principal impulso y motivación para ser complaciente es la necesidad de que se les vea haciendo un esfuerzo y siendo perfectos (ya sea de manera consciente o no). Obtienen valor y seguridad de sus esfuerzos y reconocimiento de sus logros y realizaciones.

Los complacientes que se identifican con el perfeccionismo, que tienen expectativas poco realistas y son autocríticos, o que están agotados o no paran nunca probablemente se reconocerán en el esfuerzo y en los siguientes roles:

El sobresaliente/exitoso	El estudiante sobresaliente
El demasiado responsable	El solucionador de problemas
El fuerte/libre de necesidades	El buen inmigrante/minoría
El ignorado/segundo mejor	El favorito/niño mimado

Los orígenes del esforzado

A menudo, los esforzados eran los hijos mayores, los únicos, los que pasaban desapercibidos, los menos reconocidos o los más responsables. Algunos esforzados provenían de familias impulsadas por el esfuerzo que tal vez esperaban que enarbolaran la bandera familiar o emularan a miembros de la familia o compañeros de trabajo que ya habían obtenido grandes logros. Para otros, puede ser que las personas que los rodeaban no se esforzaban, incluso los disuadían de esforzarse demasiado o de ser demasiado ambiciosos.

Algunos llegaron a desempeñar su rol porque recibieron un refuerzo positivo por su claro esfuerzo, logros y realizaciones, y así aprendieron a obtener méritos al desempeñarse según un estándar, lo que creó el miedo a decepcionarse y fracasar. Puede ser que aprendieran a seguir reglas, obedecer y cumplir con las expectativas, y nunca supieron sus límites, solo cómo desempeñarse y cumplir.

Puede que tuvieran talento o siempre sacaran buenas calificaciones, o rara vez (o nunca) se metían en problemas. Si los padres parecían realmente interesados u orgullosos de lo que hacían bien, asumían que eso era lo que los hacía adorables, lo que hacía difícil detenerse cuando perdían el interés o querían ir más despacio.

A menudo, los esforzados se dieron cuenta de que presentarse solos no sería suficiente, en especial si alguien ya había ocupado ese lugar. Entonces, si todos enfatizaban y afirmaban, por ejemplo, la belleza de un miembro de la familia o sus necesidades adicionales, ser el esforzado era su manera de diferenciarse.

Otros llegaron a su rol tratando de demostrar su valía y ejercer cierto nivel de control sobre sí y su entorno. A menudo fueron criados por alguien inmaduro, dictatorial, hipercrítico, imposible de complacer o narcisista que pudo haber proyectado un nivel elevado de intelecto o talento o sus sueños y ambiciones no realizados, o solo sintió que era trabajo del niño estar a la altura de sus expectativas.

Para algunos esforzados, el fracaso y la vagancia no estaban permitidos, sin importar lo apropiadas que fueran las expectativas o su ancho de banda. Es posible que los adultos se enojaran muy rápido si respondían de forma incorrecta, se equivocaban en la tarea o traían a casa un boletín de notas menos que ejemplar. Es posible que haya existido la amenaza inminente de una dura desaprobación, castigo físico, medidas disciplinarias, trato silencioso, exclusión, incluso abandono. Cumplir con los estándares puede haber sido una forma de supervivencia y una futura salida de su entorno.

En algunos casos, si bien no se dijo de manera específica que el fracaso no era una opción, los adultos que tenían una crisis emocional o que se volvían hostiles cuando el esforzado no cumplía con las expectativas le hacían querer protegerse de sus reacciones. Estas relaciones confusas significaban que no tenía una identidad separada, por lo que cuando obraba bien, los padres estaban felices y actuaban como si fuera el resultado de sus esfuerzos. Y cuando no lo hacía, los padres se sentían atacados y se comportaban mal.

Para algunos, nunca nada era suficiente. ¿En un examen obtuvo una puntuación del 90 por ciento? «¿Por qué no conseguiste cien?» o «¿Hiciste trampa?». O la respuesta era silencio o indiferencia. No había reacción alguna cuando el esforzado volvía a casa del internado. Incluso cuando se los elogiaba, todavía había algo de sombra («Esto es genial, pero veamos si puedes seguir así») o tendían a atribuirse el mérito («¿Ves lo que logras cuando soy muy duro contigo?»). Cualquier satisfacción era temporal y luego regresaban a la rueda de hámster del esforzado.

Incluso si las críticas no eran sobre su actuación, muchas otras cosas le enseñaron a superar obstáculos, por ejemplo: los comentarios sobre su atractivo, personalidad y carácter; los insultos; ser comparado con otros; recibir muy pocos comentarios positivos debido al silencio, la indiferencia o el abandono a su suerte; o estar a merced de los estados de ánimo, los caprichos y la búsqueda de chivos expiatorios de un adulto. Los esforzados controlan sus críticas y, como aprendieron a no gustar o a juzgarse a sí mismos debido a la interiorización de esta narrativa, ahora se exigen demasiado porque tienen poco sentido de sus verdaderos límites.

Aunque puede que no sea consciente de ello, el esforzado es competitivo y solo se siente cómodo con sus esfuerzos en la medida en que es consciente de los de los demás. Puede deberse a que lo comparen, por ejemplo, con hermanos, compañeros, incluso con sus padres, a escuchar elogios de otros o a que le digan que sea el mejor o que siempre dé o haga lo mejor que pueda. Aprendieron a medirse con los demás y a presionarse para mantenerse al día o superarlos.

Incluso si los adultos no necesariamente dicen: «Tienes que esforzarte hasta los huesos para tener éxito», o «la pereza es mala», incluso «te amaré o te aprobaré solo si siempre cumples con mis expectativas», cómo se comportan en el contexto del esfuerzo marca el tono del esforzado.

De hecho, el ser esforzado puede ser parte de una identidad cultural que informa de cómo las familias funcionan dentro de sí mismas y crían a sus hijos. Es como una forma de buena ciudadanía. Los padres tienen el deber de hacer que sea obligación de sus hijos sobresalir o tener un alto estatus o trabajos y vidas socialmente aceptables.

Pero los esforzados también pueden ser una respuesta o un efecto secundario de la experiencia de los inmigrantes, los marginados y las privaciones. La ética del trabajo y el esfuerzo eran medios para ganar estatus, pero también para aislar o limitar la discriminación y el escrutinio. Gestionaba el malestar de otras personas y compensaba en exceso aquello percibido como problemático para satisfacer sus necesidades y sentirse valiosos. También interiorizaron los ismos y fobias discriminatorias de la sociedad y los utilizaron como armas contra sí mismos. Al tratar de deshacerse de la inferioridad y refutar su pereza o carga, están listos para la explotación y el agotamiento, y es por eso que podrían tratar de ser, por ejemplo, la minoría modelo, los homosexuales no demasiado gays o la persona gorda supertrabajadora, o enmascarar su neurodivergencia o discapacidad.

Los esforzados interiorizaron la creencia de que el valor de una persona reside en su productividad, lo que, dicho sea de paso, les dificulta descansar; incluso cuando lo hacen, tienden a sentirse culpables, agitados o como si tuvieran que compensar el tiempo libre trabajando aún más duro. También han interiorizado una creencia subyacente de que el esfuerzo es un signo de bondad y que las cosas deberían salir como quieren si han hecho el mayor esfuerzo, alimentando un ciclo de expectativas poco realistas de perfeccionismo y también haciéndolos más propensos al agotamiento.

Como todos los complacientes, los esforzados también dedujeron que su esfuerzo limitaba las consecuencias negativas, en especial si habían visto a hermanos o compañeros castigados por su bajo rendimiento. Los esfuerzos de una persona con un gran rendimiento pueden haber significado que, incluso cuando hacía travesuras, o luchaba con su salud física o mental, sus compañeros y autoridades lo pasaban por alto debido a su capacidad para desempeñarse a un alto nivel. Un esforzado pudo concluir que sus hábitos resultaban efectivos para hacer que el castigo fuera menos severo o para mantener a las personas alejadas.

Aunque los esforzados se preocupan y anhelan la intimidad, la conexión, la honestidad y sentirse genuinamente bien consigo mismos, se esconden detrás de actuar como el tipo de persona que hace el mayor esfuerzo posible, por lo que en lugar de moverse según sus valores, actúan desde una posición de inseguridad y terminan desalineados con sus necesidades.

Como los esforzados vinculan todo al esfuerzo, interpretan que experimentar las cosas inevitables de la vida es no haber hecho lo suficiente o que las personas no aprecian ni recompensan sus esfuerzos. En su opinión, se supone que sus esfuerzos los protegerán contra resultados indeseables. Dado que han realizado lo que consideran esfuerzos tangibles que otros utilizan y de los que se benefician, en lugar de, por ejemplo, centrarse en hacer que las cosas se vean bien o evitar molestias, esperan reconocimiento y recompensa. Por supuesto, nadie supervisa sus esfuerzos tan de cerca como el esforzado. Esto significa que una vez que sienten, por ejemplo, que no le gustan a alguien, que su interés romántico no es correspondido, que algo no va a ser fácil (o no sucederá), o que tienen un competidor, esto activa su ser esforzado y les hace sentir involucrados o en deuda.

Hacer un esfuerzo es su configuración predeterminada porque no esforzarse les hace sentirse extraños. Como resultado, no les gusta verse desagradables o desaprobados en contextos donde están seguros de su esfuerzo, donde una autoridad les recuerda una vieja desaprobación, o donde se creen superiores a la persona que expresa su desaprobación, pero ejerce lo que el esforzado considera estatus y poder inmerecidos, lo que desencadena sentimientos de inferioridad.

Los esforzados de verdad luchan con alguien que creen que se ha esforzado menos en tener lo mismo o más que ellos porque eso abre una brecha en su argumento de por qué se esfuerzan tanto.

Sentirse rechazado o criticado porque a alguien no le gusta su esfuerzo, o asumir la desaprobación porque no ha recibido el reconocimiento deseado, puede resultar ser un punto ciego importante que dificulta que el esforzado reciba retroalimentación u obtenga la perspectiva necesaria para avanzar o cambiar de rumbo en lugar de persistir obstinadamente.

Cuando los esforzados no reciben la recompensa y el reconocimiento esperado o deseado, se sienten víctimas de sus intentos o defraudados, utilizados o estafados. En relaciones insatisfactorias, compensan en exceso el déficit de la otra parte con la esperanza de corresponder para satisfacer sus necesidades insatisfechas. Cuando no lo hacen, o la relación termina, se culpan a sí mismos. En el trabajo, en lugar de afrontar las verdaderas razones de un problema, se esforzarán por intentar que el problema desaparezca o se involucrarán en una batalla prolongada para demostrar que tienen razón. Incluso si se alejan, están ansiosos de que alguien más obtenga lo que ellos no obtuvieron.

Los esforzados reciben el fracaso con mayor dureza y odian cometer errores y, básicamente, no ser perfectos al no cumplir con sus propias expectativas o las de los demás (poco realistas), lo que puede llevarlos a querer hacer solo cosas en las que están seguros de que pueden tener éxito. Tienen miedo de hacer menos esfuerzo porque odian equivocarse en algo, aunque eso los liberaría. Para un esforzado, admitir la derrota o que algo no funciona equivale a «renunciar».

No es que algo no haya funcionado; deciden que son un «fracaso» como persona. Como los errores y los fracasos los asustan, se involucrarán en pensamientos catastróficos que los llevarán a tomar decisiones problemáticas. Se aferrarán a la decepción y al rechazo reviviéndolos, como un doliente que opta por permanecer vestido de negro por el resto de sus días.

Los esforzados piensan que la razón por la que se sienten tan mal ante los desafíos de la vida es porque son terribles. Si bien los desafíos no son un paseo por el parque, los esforzados ponen su autoestima en cuestión cada vez que hacen algo y actúan como si alguien estuviera registrando todos los esfuerzos y se supusiera que estuviera ajustando el universo para manifestar solo cosas buenas. Los desafíos que experimentan no son prueba de que no sean dignos o valiosos; son oportunidades para romper el ciclo destructivo del esfuerzo.

Consideran que permitirse ser quienes realmente son es algo que harán una vez que se hayan ganado sentirse lo suficientemente bien a través de sus esfuerzos. Su confianza y lo que harán o no harán depende de sus esfuerzos y de la creencia de que se trata de una meritocracia que siempre recompensa y prefiere a las personas que se esfuerzan. Y, por supuesto, el mundo no funciona así.

Sabes que tu estilo es esforzado si...

- Te concentras principalmente en esforzarte para ser el mejor o para que te vean esforzándote o probándote a ti mismo, ganar autoestima, complacer a los demás y ganarte el derecho a obtener lo que necesitas, quieres y esperas.
- No dices *no* porque no quieres que se perciba que estás dando menos del cien por cien; tienes miedo de perderte algo, de no ser el mejor, de parecer vago, incompetente, estúpido, egoísta o de no ser un jugador de equipo.
- Te cuesta aceptar que, por mucho esfuerzo que pongas, es posible que las cosas no salgan como quieres.
- Te sientes involucrado y continuarás con alguien o algo una vez que seas consciente de la competencia, aunque sea doloroso.
- Cuando la vida no va como quieres; cuando la gente te enfada, te rechaza o te decepciona; o cuando no recibes validación y reconocimiento, no solo intentas cambiar el resultado esforzándote más, también te comparas, piensas en tu esfuerzo y sacrificios y en cómo hiciste lo correcto o fuiste el mejor. Piensas que eres «un fracaso» o que nada es suficiente, o te sientes defraudado o utilizado.
- Les dices a las personas lo que crees que quieren escuchar (y a veces lo que tú quieres que escuchen) porque te preocupa no mostrarte perfecto, quieres que te vean haciendo un esfuerzo o estás tratando de controlar el resultado.

- En realidad, no tienes una idea clara de tus límites y te esfuerzas por cumplir con las expectativas poco realistas de otras personas o tuyas, sin importar el coste, incluido el agotamiento y las enfermedades.
- En algún nivel crees que el esfuerzo determina si otras personas deben satisfacer tus necesidades, deseos y expectativas.

¡Hola, colega esforzado! Sí, yo también lo soy. Es fácil pensar que eres alguien que solo se esfuerza por ser y hacer lo mejor que puede. Pero es un estilo de complaciente porque, si no lo fuera, no te sentirías incómodo al permitirte hacer menos y tendrías más conciencia y respeto por tus límites. Sin darte cuenta, conviertes gran parte de lo que haces en un intento de superar el 10 en una tarea.

Ser esforzado es una combinación de probarse a sí mismo, dar el cien por cien y esperar que todos tus esfuerzos se sumen y creen un punto de inflexión de recompensa. El ser esforzado depende en gran medida de estándares, reglas y expectativas poco realistas e inventadas, a menudo autoimpuestas, para explotar tu ancho de banda, por lo general en beneficio de otras personas. Priorizas que te vean esforzándote a toda costa porque asocias la cantidad de esfuerzo que haces con ser una persona buena, valiosa, digna y exitosa.

Cuando te esfuerzas para no decir *no* o no dices *no*, temes que la gente piense mal de ti por no esforzarte lo suficiente, y esto genera sentimientos de insuficiencia y fracaso junto con el miedo de perderte algo que podría elevar tu estatus al nivel deseado. A medida que obtienes tu valor y propósito del esfuerzo, la desaprobación real o potencial de tus esfuerzos se experimenta como un rechazo hacia ti como persona.

En lugar de basar tus pensamientos, acciones y elecciones en tus valores, actúas al nivel de esfuerzo que refleja la identidad que intentas proyectar o la recompensa que intentas obtener. Así que adoptas la personalidad de alguien que intenta, logra o quiere un objetivo, como el buen empleado en camino al ascenso, el amigo superconfiable, la pareja matrimonial o el buen hijo/hija diligente que espera que sus padres finalmente cambien.

Tienes un historial de haber sido recompensado por lograr o dar lo mejor de ti de manera constante o has pasado la mayor parte o toda tu vida tratando de demostrar que eres lo suficientemente bueno o que no eres un perezoso, pero el nivel deseado de reconocimiento, etcétera, aún no ha llegado. Cualquiera que sea la situación, quieres que vean que estás haciendo un esfuerzo. O, al menos, esperas que el esfuerzo que has hecho cuente cuando la gente te juzga, determina si te has ganado algo o decide cómo se va a comportar.

Para ti, cuanto más esfuerzo hagas, menos desaprobación crees que deberías experimentar y más probable sería que algo suceda o deba suceder. Y así es como creas la vara que con el tiempo te rompe la espalda porque tu solución para cualquier cosa que active tu ser complaciente es esforzarte más. Tú oscilas entre actuar como si no tuvieras necesidades o necesitaras poco para mantenerte bien, y luego sentirte necesitado cuando no eres recompensado. Aunque consideras que satisfacer las necesidades de otras personas es un imperativo, las tuyas a menudo son tratadas como tareas rudimentarias y molestas que debes dejar de lado en la búsqueda de metas, no como un medio para cuidarte y respetarte a ti y a tus relaciones. Puedes tener una actitud de *no importa cómo te sientas* hacia ti y hacia los demás cuando has decidido que algo debe hacerse o soportarse. Cuando no mantienes tu esfuerzo bajo control, es como si trataras de forzar la vida para que se doblegue a tu voluntad, y no sabes cuándo echarte atrás.

Angeline, que está loca por sus esfuerzos (no por sus citas), no hace las cosas porque sea auténticamente ella, sino porque está tratando de llevar la situación al resultado deseado. Entra en piloto automático en el momento en que se siente interesada, lo que generalmente se desencadena por ansiedad, no por interés genuino. A partir de ahí, basa sus expectativas no en la verdadera naturaleza de la situación sino en sus esfuerzos, que reflejan que ella ya es la novia, aunque la persona se comporte de otra manera. Se trata de construir un caso para una relación siendo la buena chica que ha hecho todo bien y luego sentirse en deuda, de ahí que la pareja se sienta manipulada y presionada, y que ella se sienta cada vez más ansiosa por ir repetidamente contra sí misma.

Está claro que intentarlo no es malo, pero no lo confundas con ansiedad y abandono de uno mismo. Una vez más, es el «porqué» lo que hace que tus esfuerzos sean complacientes. Hay una gran diferencia entre los intentos que ocurren cuando se persigue un logro particular y los intentos utilizados para encubrir sentimientos subyacentes de baja autoestima y generar, incluso acelerar un resultado deseado. Lo primero te deja espacio para decir *no*, y lo segundo te hace decir sí por razones equivocadas.

Asumes que lo intentas solo cuando se requiere esfuerzo o que querer o necesitar algo es señal de que se requiere esfuerzo, pero en realidad, te excedes y te excedes sin importar quién o cuál sea la situación. Esto no solo lleva a explotarte a ti mismo (y permitir que otros lo hagan), también obliga a las personas a firmar contratos que no saben que han de cumplir. Esperas de los demás no en función de quiénes son realmente, sino de lo que tú haces, y de si así es como esperas que ellos sean o de cómo esperas que te recompensen, todo esto sobrepasa los límites y te prepara para el dolor.

Crees que estás dando el cien por cien y probándote a ti mismo, pero lo que estás haciendo es tener tanto miedo a la desaprobación y a no obtener lo que quieres que compensas en exceso tratando de dar más del cien por cien para estar por encima de todo reproche y que sea menos probable que te lastimen. Incluso si no estás tratando activamente de ser perfecto y piensas que simplemente estás intentando ser «lo suficientemente bueno», estás procurando ser la versión perfecta de lo suficientemente bueno.

El esforzado con todo su perfeccionismo y explotación es un estilo de complaciente, es una forma de esconderse que te impide pensar y sentir demasiado porque no sabes quién eres sin hacerlo. Pero si no te permites sentir, te perderás en la acción y no te darás cuenta cuando hayas superado tu límite.

Temas comunes

- Sentir orgullo de ser amigo de todos tus ex o de no haberte peleado con nadie.
- Tener una actitud de ganarse el descanso y el cuidado personal, y luego devolverlo con más esfuerzo, de ahí que puedas saltarte comidas, no dormir o no ir al baño o solo darte cuenta de lo hambriento, cansado, desesperado por ir al baño o enfermo que estás cuando se ha vuelto urgente.
- Ganar menos porque trabajas muchas más horas de las que te pagan, lo que reduce efectivamente tu salario.
- Tomar el control, a veces porque crees que la otra persona o personas son incompetentes; en otros casos, porque sufres por no tener el control; tal vez no confías en que la gente haga su parte.
- Tener un miedo desproporcionado a que no te pidan asumir algo (favor, tarea, proyecto) o a quemar puentes. No te das cuenta de que a veces tienes miedo de

perder la oportunidad de ser explotado. Te ofendes o te sientes inseguro cuando no te preguntan, incluso si no quieres hacerlo o no tienes el ancho de banda.

- Pasar rápidamente de los logros y no interiorizar tus esfuerzos; tal vez te sientes inseguro sin elogios ni afirmaciones, lo que te deja con el síndrome del impostor, la sensación de ser un fraude y de no haber hecho lo suficiente.

- Exagerar en proyectos y tareas porque te concentras en la percepción de tus esfuerzos, miedo a fallar o tratar de ser percibido de cierta manera, lo que puede causar que no comprendas las instrucciones, objetivos y responsabilidades.

- Ver la enfermedad, incluso la causada por tu esfuerzo, como un inconveniente o un fracaso, y sentirte culpable por decepcionar a las personas o por tener que, por ejemplo, hacer tu trabajo en tu ausencia o esforzarse más de lo habitual.

- Tener una larga lista de cosas que quieres hacer, pero que no crees que tengas tiempo para hacer o que crees que necesitas o deberías hacer porque crees que te convertirán en una mejor persona.

- Agotarte antes de tomarte un tiempo libre porque es como si pensaras que el mundo se derrumbará en tu ausencia o tienes miedo de que la gente descubra algo sobre ti o decidan que no te necesitan.

Fortalezas y retos

- Valorar mucho la entrega y el ser confiable, concienzudo, trabajador, no perezoso, etcétera, de modo que tengas la capacidad de dedicar tu corazón y alma a casi cualquier cosa, pero te resistes a pedir ayuda o a dar señales de que estás luchando. Esto no solo crea una impresión falsa de lo que implican tus esfuerzos, de modo que, incidentalmente, otros esperarán que eso sea lo normal, también genera sangre, sudor, lágrimas y agotamiento.

- Seguir reglas reales, arbitrarias y autoimpuestas y cumplir con expectativas externas, a menudo sin lugar a dudas, en especial si hay un objetivo claro o una recompensa percibida o si activa tu necesidad de ganar o demostrar algo, lo que puede convertirte en la persona perfecta para hacer las cosas. Pero la falta de discernimiento te aparta de tus valores y puedes ser explotado por personas más agresivas y manipuladoras.

- Esperar mucho de ti y esforzarte por cumplir con tus expectativas internas, lo que significa que puedes lograr muchísimo y ser muy apreciado por los demás, pero también significa que no tienes conciencia de tus límites ni los respetas, tienes expectativas poco realistas y le quitas la alegría a casi cualquier cosa debido a tus sentimientos de «fracaso» y de ser «suficientemente bueno».

Cosas a las que debes poner atención

- Estar tan concentrado en conseguir una meta, ganar, tener la última palabra o lograr que la persona acepte tu forma de pensar que dejas que tu ego se apodere de ti o no llegas a disfrutar nada.

- Tratar los esfuerzos de tus seres queridos como un reflejo de ti, sintiéndote como si debieras tener un hijo, una pareja, unos amigos o una familia de éxito, y luego sentirte avergonzado o controlarlos excesivamente si no es así. Esto podría incluir arrastrarlos hacia tus sueños y llamarlos «sus» sueños.

- Permanecer en relaciones y situaciones insatisfactorias mucho tiempo después de su fecha de caducidad porque piensas que refleja que no pudiste hacer que funcionara.

- Esforzarte por hacer que las cosas parezcan fáciles, incluso cuando no lo son, aun cuando no deberías hacerlo en primer lugar, y luego sentirte abrumado, abandonado y resentido porque la gente no valora lo mucho que trabajaste, aunque por fuera eres como un cisne, tranquilo en la superficie mientras pataleas con furia por abajo del agua.

La alegría de decir no: cambio rápido

- Reduce las cosas tratando de identificar cómo crees que sería hacer algo al 70 por ciento. Ya sé, ya sé. Sentí un escalofrío en el estómago cuando empecé a hacer esto. Pero tu idea del cien por cien se parece más al 150 por ciento, por lo que necesitas tener una idea más realista no solo de tus límites, sino también de si todo requiere ese nivel máximo de esfuerzo. Hay muchas cosas en tu vida que requieren una fracción de ese esfuerzo.

- Pregúntate: ¿estoy en una situación que realmente justifica mi nivel de esfuerzo, o estoy ansioso y tratando de controlar o manipular algo?

- Haz del «permíteme que te responda luego» algo automático. Eres el complaciente que se comprometerá, se abrumará y se esforzará demasiado, por lo que debes hacer un esfuerzo mayor para verificar tu agenda, ancho de banda, deseos y necesidad de hacer algo.

5

Evasivo

Marcus siempre supo que era diferente al resto de la familia, pero según ellos, no fue adoptado. Dado que ellos eran blancos y él negro, sabía que claramente había una historia de fondo en su concepción, pero nadie dijo nada, así que él tampoco lo hizo.

Dijo que no lo trataban de manera diferente y que eran una familia muy unida, por lo que se dedicó a sobresalir en todo y a asegurarse de nunca ponerse «demasiado emocional» para no desatar algo que no pudiera controlar y molestara a todos.

Más tarde, su cooperación con el obvio secreto desconcertó a sus parejas, quienes a menudo citaban el coste que eso le suponía como un motivo de peso para abordarlo, lo que lo llevaba a distanciarse o cortar con ellas. Cuando surgía la sensación de pérdida, confusión, alienación y resentimiento secreto, sentimientos que no podía registrar ni calcular pero que sabía evitar, se refugiaba en el trabajo, en el humor y, luego, en las drogas y el alcohol. Cualquier pareja que permaneciera con él sabía que no debía entrometerse, reconociendo lo delicado que era el tema.

Pero entonces llegó la pandemia. Tuvo que trabajar desde casa, los bares y discotecas habituales no estaban abiertos, no podía desaparecer durante horas, a veces días, y todo se vino abajo, incluido su matrimonio, cuando su pareja chocó contra la pared de su «inaccesibilidad» y abuso de sustancias. Y así, después de más de cincuenta años de ser el niño bueno de mamá, finalmente le preguntó quién era su padre, una pregunta que, en teoría, podría haber hecho desde el principio, pero tenía miedo y, en cambio, había diseñado toda su vida en torno a evitarla.

> El evasivo es el estilo de complaciente que utiliza el evitar, ocultar, fusionar y combinar como medio para complacer a los demás y satisfacer necesidades y deseos.

Aunque los evasivos tienen rasgos de buenos o esforzados, el principal impulsor de todo es evitar la incomodidad y sus miedos. Entonces, un sentido de ética laboral, por ejemplo, o demostrar su valía no los impulsaría a trabajar demasiado; su motivación, incluso si no son conscientes de ello, es evitar ocuparse de *otra cosa*. Serían amables, no para guardar las apariencias, sino para evitar desencadenar el apocalipsis que creen que ocurriría si fueran honestos.

Los complacientes que tienden a pasar desapercibidos o que han interactuado con personas más asertivas, agresivas y emocionalmente inaccesibles pueden reconocerse en uno de estos roles, en especial si un tema recurrente es evitar expresar sentimientos, hablar sobre problemas o tener dificultades para tomar decisiones y comprometerse.

El soñador	El tímido/tranquilo
El perdido/pasado por alto	El de bajo rendimiento
El superocupado	El oyente
El animador/bromista/blanco de la broma	El jugador marginal

Orígenes del evasivo

Por lo general, los evasivos crecieron en un entorno donde todos evitaban, donde ser diferente significaba tener que ocultarlo para permanecer en su familia, o donde las circunstancias significaban que evitar se convertía en una estrategia efectiva de autoprotección.

Recibieron elogios (o ciertamente comentarios positivos, no negativos o neutrales) por evadir temas difíciles, no expresar sentimientos, estar libres de necesidades, no pedir ayuda, no causar problemas y mantener el statu quo. Esto les hizo temer la intimidad, porque la falta de familiaridad con la cercanía y el riesgo de conflicto hacía que la experimentaran como algo demasiado intenso y amenazante.

Algunos llegaron a desempeñar su rol porque consideraron que no ocuparse de las cosas era una forma de educación o un medio para conservar su lugar en la familia. Puede que no haya un gran secreto familiar ni un escándalo; es posible que las cosas hayan transcurrido sin incidentes o al menos aparentaban serlo. Pero, cuando un niño ni siquiera puede hablar o se limita a las cosas irrelevantes, es poco probable que se sienta seguro para expresar cosas más importantes o trascendentales. O, cuando nadie hace preguntas o va más allá del nivel superficial, incluso las preguntas más inocuas adquieren peso.

Quizá tus padres nunca intercambiaron una mala palabra o muestras de afecto, o las emociones eran algo raro. Aunque todos parecían llevarse bien, los evasivos se sentían solos, abandonados, inseguros, temerosos de ser demasiado ellos mismos. Aunque no se afirmaba explícitamente que ciertos temas estuvieran prohibidos o que, por ejemplo, pedir ayuda o expresar sentimientos fuera malo, mantener las cosas a un nivel superficial, andar con pies de plomo y la ausencia de conflicto, expresión emocional y discurso comunicaban que seguir la corriente para llevarse bien era la forma de ser bueno y estar bien.

Así, por ejemplo, los hermanos mayores o parientes pueden haber reprendido a un niño más pequeño por sus manifestaciones emocionales, incluso haber sugerido que su comportamiento disgustó o molestó al padre. O sufrieron acoso o lucharon contra un trastorno alimentario o algo más, y no sintieron que podían confiar en la familia, o cuando lo hicieron, algunos lo negaron o los acusaron de «comportarse mal» y «buscar atención».

Algunos evasivos describen sus orígenes como «hogares felices» o «infancias idílicas» con padres «cariñosos» y «atentos» que «nunca les pusieron la mano encima». Pero cuando se sentían mal, se enfrentaban a momentos complicados o con la conciencia de sí mismos, sus padres hacían hincapié en centrarse en lo positivo y no darle demasiadas vueltas. O sus padres se preguntaban angustiados por qué el niño se sentía infeliz a pesar de todo lo que le habían dado o de lo mucho que se habían esforzado por ser buenos padres. Entonces, cuando eran niños, los evasivos aprendieron a ocultar los aspectos difíciles de su vida y a evitar quejarse para mostrar gratitud y complacer a sus seres queridos.

Por supuesto, muchos evasivos tal vez sientan que todo lo que la gente hizo fue expresarse. Puede que hubiera muchas peleas, o una o unas pocas voces se impusieron. Y por eso ahora hacen todo lo posible para mantener la paz y la autoprotección.

Aunque para los adultos gritar, insultar, amenazar, tirar cosas, hablar con los dientes apretados para tratar de disimular otra futura discusión, dar portazos, separarse para luego hacer las paces o abusar físicamente unos de otros puede experimentarse como algo normal (como puedo atestiguar), es aterrador para un niño presenciar, escuchar, incluso quedar atrapado en medio de ello.

Ya sea que estuvieran sentados en el coche mientras la discusión se intensificaba, se escondieran debajo de una mesa o intentaran (o se sintieran impotentes) proteger a un hermano, a sus padres o a ellos mismos del agresor, desarrollaron asociaciones muy negativas con el conflicto y la crítica, y se volvieron hipervigilantes. Aunque un niño puede aprender a controlar la sobreexcitación de su sistema nervioso mediante esfuerzos, su hipervigilancia puede manifestarse volviéndose evasivo; entonces a menudo evalúa de forma inconsciente la situación en busca de signos de conflicto potencial. Aprenden a insensibilizarse para sentirse seguros y en control.

Quizá el evasivo se vio eclipsado y aprendió a pasar a un segundo plano. Los estados de ánimo y los problemas de otra persona pueden haber dictado la dinámica y haber tenido prioridad. Es posible que esa persona haya hablado y pensado por él, o que se haya vuelto hostil y chantajista de forma emocional al sentirse decepcionada. O bien el evasivo se propuso mantenerse fuera del centro de atención. Esta forma de irse apagando significa que, aunque ahora son adultos, una parte de ellos teme la alienación o el abandono si crecen, de ahí que puedan frenarse románticamente o en su carrera, pero también explica por qué tienen relaciones desequilibradas en las que, por ejemplo, siempre desempeñan el rol de oyente o mediador.

No es que quieran inmiscuirse en los asuntos de la gente como, por ejemplo, lo haría un salvador o un bueno, pero estar en el medio o en un segundo plano les quita presión. Pueden sentirse claramente incómodos con, por ejemplo, que alguien se descargue sobre ellos o los involucre, pero no expresar esto los protege de convertirse en el blanco de un conflicto.

Y algunos aprendieron a ser evasivos a partir de un trauma, un conflicto o una pérdida que los hizo cerrarse y permanecer en las sombras. Asociaban lo que pasaba con la confrontación, con ser demasiado honestos o vulnerables, y por eso lo evitaban, no simplemente para ocultar sentimientos dolorosos y limitar mayores consecuencias, sino para protegerse de volver a estar en esa situación.

Por ejemplo, tal vez fue la ruptura o el divorcio de tus padres y el hecho de sentirte atrapado entre ellos, o una separación complicada cambió para siempre a la familia. Un duelo significativo y no comprender las circunstancias o sentirse abandonado, incluso culparse a sí mismo, también pueden enseñarle a alguien a quedarse callado.

He escuchado de muchos evasivos que nunca hablaron de los padres que los abandonaron o murieron antes de nacer o en sus primeros años. Podría ser no querer molestar al padre que ha sobrevivido o provocar una discusión, en especial si el padre se vuelve retraído, desinteresado o, por el otro lado, enojado y resentido. Algunos evasivos lo intentaron, solo para ser reprendidos o castigados, o los padres alegaron una enfermedad repentina. O tal vez los adultos sintieron que era mejor no insistir. Algunos evasivos conocían parte de la historia de fondo y se sentían avergonzados o abandonados, o la madre no sabía quién era el padre, o lo sabían, pero ocultaban la información. Y los niños, lo que no saben en estas situaciones, lo inventan, y siempre es peor que la verdad.

A veces era el niño el que conocía, por ejemplo, aventuras amorosas, actividades delictivas o abuso de sustancias. O alguien estaba en prisión, rehabilitación o en otro tipo de institución, pero el pretexto era que estaba de nuevo en unas vacaciones.

Es posible que el evasivo haya experimentado abuso o haya estado al tanto del abuso sobre otra persona, pero había un código de silencio, incluso la amenaza de expulsión de la familia. Puede ser que el evasivo sospeche que sus padres o cuidadores conocen el abuso que experimentó, pero han elegido no

afrontarlo, por lo que él tampoco lo afronta, y se ha convertido en su patrón generalizado de complacer a los demás.

Un evasivo puede parecer muy funcional o como si estuviera dejándose llevar sin molestar a nadie mientras realmente
lucha en privado. Juegan sus cartas bajo la mesa y diseñan sus
vidas para evitar lidiar con sus miedos y sentir demasiado.

Seamos realistas. Hasta hace muy poco, la cultura no daba
cabida a la autoexpresión, ni siquiera valoraba la importancia
de los sentimientos y cómo la insensibilidad, el secretismo, la
vergüenza y los acontecimientos traumáticos pueden tener un
coste importante en nuestro bienestar.[1] Ya sea el silencio, la
negligencia o violar límites, estos eran patrones generacionales
y la respuesta de la unidad familiar a un trauma no procesado.
Incluso si hubo terapia, la actitud pudo ser la de tratar al niño,
no la de tratar un problema familiar. Algunos evasivos se vie-
ron obligados a dejar la terapia cuando el terapeuta señaló el
problema real o la familia trató a los evasivos con sospecha
sobre lo que podrían estar revelando. Mientras que todos los
estilos de complacientes controlan la desaprobación limitando
o evitando lo inevitable de la vida, los evasivos evitan cualquier cuestión que pueda dificultar las cosas a los demás, por
lo que también implica controlar la atención, el afecto, la
aprobación, incluso la validación y el amor.

También usan su ser complaciente para evitar resultados
negativos, de modo que cuando experimentan conflictos, críticas, etcétera, a pesar de que han hecho todo lo posible para
evitarlos, se sienten aterrados y como si hubieran fracasado
porque los demás se están dando cuenta de sus miedos. Entonces hacen todo lo posible para evitarlo.

Debido a que todo es una estrategia para eludir el miedo y
ellos quieren estar en el medio del camino para permanecer en
su zona de confort, puede llevarles bastante tiempo enfrentarse
cara a cara con un problema o pueden dar vueltas en círculos.

En especial porque podrían bloquearse, dar demasiado y pensar en exceso para no tener que lidiar con algo.

Aunque todos los estilos de complacientes implican agresión pasiva, los demás, cuando llegue el momento, lidiarán con algo, aunque puedan tener dificultades. Los evasivos tratarán de agotar el tiempo intentando detener la inevitable confrontación o adoptando un modo de exceso con la esperanza de eludir el problema. Cuando las cosas van mal, justifican su evitación afirmando que la respuesta de la persona o el resultado decepcionante es una prueba de que es mejor no hablar o lidiar con algo, y también se sentirán en deuda por su «complacencia».

La acumulación de miedo y de estar en guardia de manera constante desencadena pensamientos catastróficos en sus relaciones cercanas, sintiendo pánico de que la persona se vaya, cuando lo único que quiere hacer es intentar llegar al fondo del problema. Debido a que siempre están de acuerdo con las cosas, cuando alguien expresa descontento, el evasivo se siente criticado o rechazado y le recuerda que fue «su idea» o «su sueño». No entenderán por qué sucede algo porque racionalizan que estaban haciendo lo mejor o que no es un problema porque aceptaron la propuesta de la otra persona, lo que crea más fricción porque el evasivo no asumirá su parte de responsabilidad. En situaciones en las que sienten que los van a lastimar de una manera que creen que no podrán manejar, es posible que primero opten por no hacerlo, desaparezcan o finalmente exploten, para sorpresa de todos, incluida la suya.

Los evasivos creen que todos comparten sus miedos y también quieren evitarlos de la misma manera. Realmente creen que evitar es algo bueno que agradará a las personas. Pero ser evasivo dificulta entablar nuevas relaciones con personas que requieren más intimidad y honestidad. También significa que por defecto entran en situaciones con hábitos de evitación sin importar si existe una amenaza o no, por lo que de forma inadvertida se preparan para lo peor sin reconocer que su evitación crea muchos más problemas de los que resuelve.

Sabes que tu estilo es evasivo si...

- El principal motor de quién eres y qué haces es minimizar o evitar directamente los conflictos, las críticas y hacer que los demás se sientan incómodos.
- No dices *no* porque crees que causa más problemas de los que resuelve y estás tratando de evitar todas y cada una de las posibles consecuencias negativas.
- Cuando la vida no va como quieres; cuando la gente te enoja, te rechaza o te decepciona; o cuando no recibes validación y reconocimiento; estás enojado con las personas por mencionar algo o estar en desacuerdo contigo dadas todas las cosas que permitiste, intentas actuar como si no te molestara o como si no hubiera sucedido, o los alejas, los *ghosteas* o cortas el vínculo.
- Les dices a las personas lo que crees que quieren oír porque tienes poca o ninguna idea de cómo te sientes o piensas realmente, o temes equivocarte o ser poco atractivo, o quieres olvidar rápidamente tu malestar y seguir adelante.
- Juegas un papel marginal como estrategia (por ejemplo, esconderte en el trabajo o en relaciones poco saludables o insatisfactorias) para encajar con las expectativas que otras personas tienen de ti, para no molestarlos o alienarlos al cambiar o volverte «demasiado grande».
- Crees que no hablar de nada que te haga sentir remotamente incómodo a ti o a otros, mantener la paz y esconder los límites debajo de la alfombra es algo bueno y debe ser recompensado.

Quizá no eras consciente de que evitar el malestar era parte de una estrategia de complaciente para la aceptación y seguridad porque, por la naturaleza misma del evasivo, no vas a pensar demasiado en tus motivaciones ni en nada parecido.

Usas elementos de otros estilos de complaciente, pero con el objetivo principal de mantener la incomodidad al mínimo absoluto; evitar hace que tu vida sea un delicado acto de equilibrio entre tratar de mantener a las personas conformes mientras finges que esto no es lo que estás haciendo o que no estás causando problemas. Tu identidad deriva del éxito con el que logras sostener la ilusión de que todo responde a tu versión de estar bien y de lo seguro que te sientes, por lo que intentarás estar en situaciones en las que, en teoría (dado que te conviertes en la persona que crees que eres o que la situación requiere), deberías estar bien. Después de todo, ¿por qué rechazar a alguien que es igual o hace lo que se espera de él? Es una forma de perfeccionismo que te permite esconderte.

Cuando te esfuerzas para no decir *no* o no dices *no* es porque temes no poder afrontar las consecuencias. Crees que será como abrir la caja de Pandora, y toda una vida evitando y limitando el *no* solo ha aumentado tu miedo. Quieres mantener conformes a las personas para no provocar su ira, real o imaginaria, y romper la ilusión, por lo que, en última instancia, existe el temor de que, si te expresas plenamente, causarás rechazo, desilusión y conflicto en tu vida.

Para ti, ser bueno significa no incomodar nunca a la gente, por lo que adoptas esa personalidad perfecta de alguien que puede manejarlo todo o que no necesita mucho y está feliz. Tienes que fingir que sabes menos de lo que sabes y convertirlo en un deporte profesional para ser pasivo. Aprendiste que decir o saber la verdad no está bien, así que es mejor evitarlo, y ahora eres tan hábil para decirle a la gente lo que quiere oír que ni siquiera sabes que es mentira. Como resultado, eres una combinación peligrosa de demasiado amable, una persona que evita la confrontación e ingenuo que disfraza una actitud cautelosa en la que esperas en silencio lo inevitable.

Es posible que toda tu vida hayas sobrevivido manteniendo conformes a las personas, por lo que tienes poca experiencia en la resolución saludable de conflictos o en afrontar las cosas, o todavía estás tratando de demostrar que ser evasivo es la mejor manera de hacerlo después de cansarte con personas y experiencias que eran demasiado conflictivas.

La necesidad de evitar el malestar, propio y ajeno, es, irónicamente, la causa fundamental de tu malestar no reconocido y de la necesidad de exculparte en los problemas que surgen. Eres como la rana hirviendo que no se da cuenta de que está hirviendo hasta que es demasiado tarde. Si bien tienes una baja tolerancia al riesgo, tienes un alto umbral para el dolor, por lo que niegas, racionalizas, minimizas, excusas y asumes mantener viva la ilusión de «bien» solo para luego tener que anestesiarte de alguna manera o ser pasivo-agresivo para expresar o adormecer los sentimientos que ni siquiera sabes que estás evitando.

Marcus y su familia pensaron que estaban haciendo lo correcto, pero pagó un alto precio por no poder admitir que todos los demás estaban involucrados en algo que él no sabía. Estuvo de acuerdo con la obligación de amarlos y protegerlos, y al mismo tiempo, de odiarse y no conocerse a sí mismo. Y ser evasivo engendra más evasión: quienes evitan no pueden estar en nada demasiado real porque interfiere con otros aspectos de su vida que evitan, por lo que sin darte cuenta puedes sabotear tu felicidad para mantener el statu quo.

Si hay un problema, significa que las cosas no son «perfectas», por lo que intentas evitar lidiar con eso para mantener esa ilusión, enfrentándote a ella solo cuando te sientes lo suficientemente desilusionado y resentido. Tu complaciente trata de hacer que la otra persona sea casi perfecta en tu mente, y así, cuando te hagan enojar o te decepcionen, te sientes rechazado. A veces sorprendes a la gente porque guardas tus reservas, tu descontento y tu dolor para ti, actúas como si todo marchara sobre ruedas y no das ningún indicio de que algo anda mal, lo comunicas solo cuando colapsas y, repentinamente, anuncias que estás rompiendo o dejando tu relación o trabajo, o directamente dejas de hablar con la persona.

Puede que seas una de las personas más agradables que alguien pueda conocer, pero todo surge de un lugar en el que te repudias a ti mismo si hay una mínima posibilidad de incomodidad y la gente no se da cuenta durante algún tiempo de que evitas decir o hacer cualquier cosa que pueda darle a alguien una opinión demasiado grande sobre ti. Al ser a veces demasiado amable para tu propio bien, sin darte cuenta de que proviene de la evasión, además de evitar la confrontación y fingir ingenuidad y, a veces, confusión, te quedas subsumido por las personas en tu vida. Te adaptas a todos y los respetas, lo que te pone al margen y hace que tu sentido de identidad sea frágil debido a tu dependencia de que la situación sea perfecta.

Puede resultar muy doloroso cuando una relación o situación no funciona porque de verdad piensas que seguir adelante para llevarse bien y ser evasivo es la mejor manera de ser complaciente y no poner en peligro lo que querías. Pero no solo estás caminando sobre cáscaras de huevo por defecto, sino que no te das cuenta de cómo las personas, consciente e inconscientemente, sienten que tienen que hacer eso contigo.

Hay un momento y un lugar para evitar algo cuando estás en peligro real o cuando hay un beneficio genuino en retrasar algo por un tiempo antes de abordarlo, pero lo que estás haciendo es evitarte y posponerte. Las personas de las que aprendiste a evitar tenían sus propias cosas con las que lidiar, pero ¿por qué deberían tener ellos dos vidas (la tuya y la de ellos) mientras tú no tienes la tuya?

Temas comunes

- Mentir para absolver a las personas de su necesidad de preocuparse, aunque puedas estar sufriendo de verdad y luego te sientas abandonado porque la persona no supo de forma instintiva que algo no iba bien o qué hacer sin que tú se lo dijeras.

- Seguir la corriente de algo malo y permanecer en silencio, aunque pueda significar grandes problemas para ti o para los demás. No es que estés de acuerdo con, por ejemplo, el acoso o la exclusión, pero tus miedos te abruman, haciéndote sentir mal contigo mismo; pero a veces también metiéndote en problemas como resultado de parecer haber estado de acuerdo con el problema al no hacer nada.

- *Ghostear*, ignorar, evitar o aislar a las personas en lugar de ser honesto o lidiar con las cosas, y posiblemente intentar reconectarte y pasar por alto las cosas como si nada hubiera pasado, o responder restando importancia cuando alguien te hace eso.

- Mantener a tus amistades en un nivel superficial para que no sepan demasiado sobre ti ni necesiten demasiado de ti, o para que cuando te decepcionen, sea más fácil retroceder y no tener una conversación.

- Evitar a ciertas personas con las que te sientes incómodo para no tener que decir *no* y salir corriendo cuando las ves, alegando que no las escuchaste llamarte o que tienes mala vista o algo así.

- Sentirte orgulloso de no pelear nunca con una pareja ni con nadie.

- Alejarte de tus ideas si sientes que las personas no están de acuerdo, aunque no tengan ni idea de lo que están hablando o ni siquiera sean tu público objetivo.

- Explotar en ira, dolor y frustración después de tolerar sistemáticamente lo inaceptable y luego sentirte avergonzado y volver a evitarlo.
- Tomar largos descansos en las relaciones después de haber sido herido, como un purgatorio emocional, y luego involucrarte en relaciones de fantasía o en una relación intensa y enfermiza, solo para decepcionarte nuevamente y luego retirarte.
- Hacer lo posible para evitar lidiar con algo. Por ejemplo, sabes que hay un problema, así que das regalos, haces buenas acciones o dices cumplidos para que la otra persona (con suerte) se sienta incómoda al mencionarlo. O recurres al alcohol, drogas o alguna forma de comportamiento compulsivo para escapar de tus sentimientos y de la situación.

Fortalezas y retos

- Ser bueno para calmar los ánimos crispados y no meterte en conflictos innecesarios, pero tampoco te meterás en los necesarios y llegarás incluso a vender tu alma si eso significa no tener que lidiar con los sentimientos de otras personas o con conflictos o críticas.
- Pensar en decisiones grandes (y a veces pequeñas) hasta el extremo y representar situaciones en tu mente, pero esto a menudo tiene como consecuencia pensar demasiado y retrasar las decisiones, tácticas que desencadenan parálisis, evasión o vacilación, para disgusto de cualquiera que te esté esperando.
- Dar la impresión de ser un buen oyente y empático porque ofreces muy poco de lo que sucede en tu propio mundo, por lo que la gente te confiará sus problemas y

secretos, pero esto puede hacer que te sientas abandonado y agotado, y puede causar que te alejes.

Cosas a las que debes poner atención

- Pensar demasiado en las cosas, tratar de resolver todo perfectamente en tu cabeza antes de hacer un movimiento o inventar historias cuando, por ejemplo, ves que alguien está de mal humor.
- No tener intereses reales o relaciones cercanas porque haces lo que tu pareja o hermano quiere, y luego sentirte resentido cuando te piden que sugieras algo o quieren hacer algo sin ti.
- Calificar a las personas de «alborotadoras», «difíciles», «necesitadas» o «demasiado sensibles» porque expresan sus sentimientos y no quieren esconder los problemas bajo la alfombra ni ir a terapia.
- Engañar a las personas insistiendo en que no ocurre nada malo cuando en realidad hay un problema que estás evitando; y proyectar tus sentimientos o percepciones sobre ti o sobre ellos y luego decir que son sus sentimientos.

La alegría de decir no: cambio rápido

- Prueba tu zona de confort con cuidado. Imagina cómo se siente hacer algo en una escala de 0 a 10. Alguien con un 10 sería capaz de manejar con comodidad lo que le incomoda. ¿Dónde estás en esa escala? Digamos que eres un 3. ¿Qué haría alguien que sea un 3,5 o un 4? Haz eso. No intentes hacer lo que crees que es un

10, ya que probablemente te provocará una ansiedad profunda.

- Pregúntate: ¿estoy haciendo esto porque lo he elegido de forma activa y consciente o porque estoy tratando de evitar conflictos, críticas, intimidad o algo así?
- Si bien ser analítico sin duda tiene sus beneficios, no sustituye a la acción, así que ten cuidado cuando pienses demasiado, trates de anticipar el futuro o trates de resolver todo lo que tienes en mente antes de dar un paso para evitar lidiar con una decisión o tomarla.

6

Salvador

Gaby ha pasado la mayor parte de su vida adulta cuidando a miembros de su familia y haciéndose cargo de cualquier cosa con la que no quieran lidiar. Como resultado, las relaciones románticas son pocas y espaciadas, y ella dejó su carrera y sus sueños. Cuando ha tenido relaciones románticas, han sido con almas heridas con las que termina sintiéndose como su madre o su juguete, por lo que lleva casi diez años en una relación de fantasía con alguien que siempre es infeliz y quiere verla solo una vez cada tanto.

Cuando Gaby se sintió tan mal que tuvo que guardar reposo en cama, su hermana todavía esperaba dejarle a sus hijos la mayoría de los días, y la familia parecía más preocupada por saber cuándo volvería a estar en funcionamiento. Aunque sus hermanos podrían haber intervenido, ella todavía trató de cuidar a su madre, pero descubrió que esto exacerbaba sus síntomas y sentía como si su familia estuviera consumiendo su fuerza vital. A medida que pasaban los meses con un apoyo mínimo, la ira y el dolor de Gaby aumentaron por haber sacrificado su edad adulta por su familia. Se dio cuenta de que nadie la iba a ayudar porque consideraban que ayudar era *su* trabajo.

Mientras luchaba con la injusticia de todo esto y el dolor por quién podría haber sido, poco a poco reconoció que, si bien el comportamiento de su familia era problemático, también había hecho un trabajo de salvadora al dejarlo todo, negarse a decir *no* y permitir su comportamiento. De hecho, había utilizado a su familia como excusa para no perseguir las cosas que temía y para demostrar, de una vez por todas, que ellos la necesitaban.

> El salvador es el estilo de complaciente donde la persona intenta ser la solución a los problemas de otras personas asumiendo sus responsabilidades, y «dar» a través de arreglar, ayudar y rescatar para sentirse necesitada, decidida y valiosa. Es el estilo «a tu servicio» de los complacientes.

Aunque los salvadores utilizan rasgos de los buenos o esforzados y son evasivos en secreto, el principal impulsor y motor para ser complacientes es la necesidad de ser necesitados o de ser vistos como necesarios para sentirse seguros y valiosos. Intentan influir y controlar los sentimientos y el comportamiento de otras personas con «ayuda» y asumiendo responsabilidades a expensas de ellos mismos.

Cualquiera que haya notado que sus relaciones son desequilibradas y posiblemente unilaterales, o que se haya sentido agotado por estar ahí para los demás, se reconocerá en el salvador y en los siguientes roles:

El reparador/sanador/ salvador/héroe	El padre/cónyuge sustituto
El vengador	El fuerte
El que hace el trabajo sucio de los demás	El terapeuta
El despechado	El que asume la culpa

Los orígenes del salvador

Los salvadores crecieron en un entorno donde se priorizaba o enfatizaba ser de ayuda por parte de los adultos, o donde los adultos no estaban en condiciones de ayudarse a sí mismos, y mucho menos a sus hijos.

Recibieron elogios o retroalimentación positiva (atención, afecto, etcétera) por ser buenos, afectuosos y complacientes al ayudar, arreglar, rescatar, salvar el día, ser desinteresados o necesitar menos que los demás, y aprendieron a derivar su propósito y valor a partir de satisfacer las necesidades de los demás, por lo que no pudieron desarrollar un yo fuera de lo que hicieron o hacen por los demás.

Los salvadores probablemente tuvieron que hacerse cargo de demasiadas responsabilidades en la infancia, o asumieron que tenían mucho poder sobre la felicidad de los demás, o sintieron que no habían logrado salvar a alguien importante.

De todos los estilos de complacientes, los salvadores son los más propensos a malinterpretar sus esfuerzos por complacer debido a sus buenas intenciones, pero también a lo lejos que pueden llegar para brindar ayuda y apoyo; se sienten especialmente confundidos respecto a los límites debido a la naturaleza codependiente de sus relaciones y su entrega.

Crecer en un entorno donde, sin darse cuenta, aprendieron que sacrificarse y explotarse para ayudar a otros necesitados es «entrega» significa que no conocen su responsabilidad, es complicado que conozcan sus límites porque son demasiado responsables. Aprender o enseñarse a sí mismos que cumplir con la responsabilidad o necesidad de otra persona es «útil» y «no egoísta» significa que han pasado toda o la mayor parte de sus vidas sintiéndose culpables por tener un yo, y luego casi tratando de regalarlo para demostrar su bondad.

Algunos salvadores asumieron su rol porque un padre o cuidador les sirvió de modelo de salvador, posiblemente mediante el martirio. Y como amaban a ese padre y pensaban (o les enseñaron) que lo que estaba haciendo era lo correcto para una persona o lo que, por ejemplo, debería hacer un buen cónyuge, adoptaron este modelo como propio. Repetir el rol es una forma de lealtad y pueden sentirse mal por hacer cualquier cosa que insinúe egoísmo. Pero, a la inversa, el salvador puede haber visto los defectos en el salvador adulto, aun así, lo copió, pero intentó tener éxito donde su padre no lo tuvo. Al salvador no necesariamente se le dieron responsabilidades adultas, pero se le dejó claro de alguna manera que ser bueno era ayudar entregándose.

Algunos provenían de un ambiente bondadoso donde se enfatizaba mantener las apariencias, pero con la esperanza de ser visto como alguien que estaba al servicio y que siempre ayudaba a los demás. Algunos procedían de un entorno más propicio al esfuerzo, donde ayudar a los demás también era primordial, pero el énfasis estaba en lo que podría ser agotador, un sacrificio o un esfuerzo, como renunciar a las comodidades o quedarse sin ellas para ayudar a los demás.

Puede ser que los adultos proyectaran una personalidad de adulto mayor en el salvador, hablando de temas profundamente inapropiados y/o confiando sus problemas al niño. El énfasis en ser el mayor o en que eran «maduros», «sabios» o un «alma vieja» hizo que el salvador olvidara que era un niño. Si un niño parecía manejar las cosas con facilidad, no causaba problemas o parecía estar bien por sí solo sin mucha ayuda o intervención, es posible que la atención de los padres se haya desviado hacia otras personas con necesidades aparentemente mayores o que hayan asumido que el niño necesitaba menos e involucrarlo en trabajos o decisiones de adultos.

Otros salvadores entraron en su rol porque maduraron demasiado pronto al tener que asumir responsabilidades adultas. Es posible que hayan ayudado a criar hermanos, hayan actuado como cónyuge sustituto (ya sea que se tratara de un hogar monoparental o no) o hayan cuidado a un padre o cuidador que, por mucho que lo hubieran querido, no estaba en condiciones de hacerlo, por ejemplo, por enfermedad, discapacidad, trabajar muchas horas, ser cuidador o luchar contra el duelo o la adicción.

En otros casos, el padre o el cuidador no quería asumir la responsabilidad, o creía que era deber del niño ayudar con las responsabilidades de los adultos, posiblemente porque ellos fueron criados de esa manera. O bien, es posible que el adulto haya estado siguiendo su vida a expensas de la paternidad. Luego, el salvador aprendió a intervenir donde los adultos no podían o no querían, adoptando una identidad excesivamente responsable para su supervivencia y quizá la de sus hermanos, incluso de sus cuidadores. El salvador desarrolló la sensación de que las personas que los rodeaban no sobrevivirían sin él, lo que luego creó una sensación generalizada de que las personas no podían arreglárselas sin él.

Tal vez el salvador haya sentido un profundo sentido de responsabilidad de proteger a sus padres o cuidadores encubriendo sus deficiencias. Puede haber sido para evitar la vergüenza de los adultos o tratar de apoyarlos lo suficiente como para que, con el tiempo, pudieran obtener la energía para poder ser padres. Por mucho que ame a sus padres, puede sentir una profunda vergüenza por no haber sido criado de manera adecuada o por no poder inducir suficiente amor en ellos como para que estuvieran ahí de la manera que el salvador necesitaba.

Algunos salvadores crecieron en entornos donde se sentían impotentes en sus circunstancias debido al abuso, la negligencia o las privaciones que intentaban superar siendo útiles o salvando de alguna manera, o donde la ayuda y el apoyo de una o varias personas eran fundamentales para su supervivencia. Así que es posible que no hayan recibido suficiente ayuda o apoyo, incluso que no hayan estado a salvo, y están tratando de compensar eso. Es posible que hayan visto, oído y experimentado cosas que ningún niño (ni ningún adulto) debería experimentar, y pueden sentir una culpa desproporcionada por no poder salvar o ayudar a alguien, o una culpabilidad equivocada en sus circunstancias, o sentirse mal por estar bien cuando otros no lo están o no sobrevivieron.

Algunos evaluaron las circunstancias de su entorno e identificaron que su rol debía ser el de ayudar, como atenuar la luz para dejar brillar a otro miembro de la familia, actuar de manera incompetente o mediar entre los miembros de la familia. Incluso puede ser que se hayan metido en problemas para darle algo que hacer a otro miembro de la familia. Es posible que se hayan sentido ignorados, resentidos, subestimados y poco reconocidos, pero, debido a la responsabilidad que les han dado (o han asumido), tienen un fuerte sentido del deber que los hace saltar los límites e involucrarse en los asuntos de otras personas.

No importan las intenciones o luchas de los adultos, cuando los niños crecen demasiado pronto o los adultos enfatizan el altruismo y la ayuda, aprenden a negarse y a sacrificarse. Están tan orientados a las circunstancias y luchas de otras personas que se sienten culpables de sí mismos, sin importar sus conflictos por sus relaciones confusas. Su trabajo se convierte en tratar de ser la solución externa a las luchas internas de otras personas, o ser el bálsamo para cualquier cosa que esté sucediendo en sus vidas, y pierden al niño que llevan dentro de sí mismos, así como su *no* y su sentido de sí mismos y los límites de los demás en el proceso. Una vez que son conscientes de las necesidades de otra persona, reales o proyectadas, y su complaciente se activa, les resulta difícil distinguirse de la otra persona y a menudo sienten que ayudar a los demás sacrificándose es por el bien de todos, incluso cuando la persona salvada siente lo contrario.

Esto realmente explota cuando experimentan desafíos porque, al saber lo que han hecho por los demás, no les parece «correcto» que ahora se sientan inseguros. Se sienten desaprobados y abandonados, y aunque todos los complacientes generan deuda, el sentimiento de «después de todo lo que he hecho por ti» se aplica más a los salvadores. Si bien, por ejemplo, los esforzados hacen un gran esfuerzo, sus esfuerzos tienen como objetivo demostrar su valía, no aplicar sus esfuerzos para ayudar a otros. Los salvadores se sienten rechazados en gran medida cuando, a pesar de su ayuda, se encuentran abandonados o experimentan problemas porque se considera que «esta persona desaprueba lo que he hecho por ella» y es la parte «por ella» lo que los hace sentir heridos, usados o abusados.

Dado lo que han interiorizado sobre lo que se necesita para ser una buena persona o dónde residen sus valores, alguien que no les agrada, que no está de acuerdo o que no mejora puede hacerlos sentir como si hubieran fracasado. Al mismo tiempo, las personas que ya no los necesitan o que mejoran «demasiado» también pueden desencadenar una sensación de rechazo, en especial si la persona no muestra la gratitud que el salvador pretende no estar buscando.

Al utilizar el salvar para satisfacer sus necesidades, cuando han tolerado demasiado y lo han dejado pasar o sienten que han hecho más que suficiente, pueden explotar y también esperar que la otra persona no esté en desacuerdo con ello. De hecho, a veces se permitirán llegar al punto de urgencia y desesperación para poder aprovechar su enojo como justificación de por qué la persona debería hacer lo que quiere. Cuando se le acusa de ser controlador o manipulador, o alguien le señala que sus buenas intenciones son dañinas, el salvador puede sentirse genuinamente confundido o muy irritado y a la defensiva. Pero, a veces, también temen que las personas mejoren o cambien, o solo quieren que mejoren si se benefician de ello.

El salvador se enfurece y siente como rechazo y abandono cuando las personas no cambian a pesar de que claramente sería lo mejor para ellas, pero no reconocen que quieren que la persona cambie para que el salvador se sienta mejor.

Los salvadores pasan a un segundo plano para poner los problemas de otras personas en primer plano. Actúan de manera innecesaria o con perfil bajo mientras ocultan su intención y sus necesidades detrás de una capa de generosidad, y se ven significativamente afectados por el exceso de entrega y responsabilidad. A medida que aprendieron a obtener su valor al darse a sí mismos a través de ayuda y sacrificio, se mueven hacia relaciones y situaciones que reflejan esa dinámica o que les permiten desempeñar su rol, lo que significa que realmente solo están «en casa» allí donde hay un problema. Por supuesto, al sacrificarse, terminan sintiéndose resentidos, abandonados, agobiados y subsumidos.

Conscientemente o no, ser salvadores es su forma de esconderse y fingir que no lo son. Claro, están tratando de estar ahí para los demás, pero es porque están intentando corregir los errores del pasado en los que no pudieron ayudar y salvar o en los que no obtuvieron lo que necesitaban, y por eso están, en última instancia, tratando de salvarse.

Sabes que tu estilo es salvador si...

- Tu principal medio para sentirte bien contigo y complacer a los demás es ser necesitado y estar involucrado en los problemas de los demás ayudándolos, rescatándolos y asumiendo sus responsabilidades.

- No dices *no* porque eres demasiado responsable; crees que dañarás, abandonarás o incomodarás a la otra parte; no quieres parecer una mala persona, o tienes miedo de que te despidan y necesiten a alguien más.
- Cuando la vida no va como quieres; cuando la gente te enoja, te rechaza o te decepciona; o cuando no recibes validación y reconocimiento, respondes pensando en todos los sacrificios que has hecho, en cómo «solo intentabas ayudar» y en tus buenas intenciones, y sintiéndote no lo suficientemente bueno, reemplazable, subestimado, aprovechado o abusado, o que siempre eres el último.
- Les dices a las personas lo que crees que quieren oír (y a veces lo que tú quieres que escuchen) porque quieres pensar que las ayudará, salvará o dará un impulso, o porque te hace sentir bien contigo.
- Tienes un fuerte sentimiento de verte obligado y culpable, por lo que sientes que es tu deber ayudar o satisfacer las necesidades o deseos de alguien, incluso si es en detrimento de su bienestar y el tuyo y la salud de la relación.
- Tú, en algún nivel, crees que ser una persona que ayuda y se esfuerza en tratar de mejorar la vida de otras personas o salvarlas de sí mismas significa que la gente debería apreciarte y no abandonarte.

Como salvador, en especial si tienes rasgos positivos, posiblemente eres consciente de tus formas de complaciente, pero podrías sentirte muy incómodo con esta noción de tener una agenda oculta o salvarte a ti mismo. Pero ayudar, apoyar y dar a las personas no es solo algo que haces; es tu identidad. Es importante que te perciban de esta manera para sentirte aceptado y seguro.

Una combinación de búsqueda del sentido de uno mismo a través de sentirse bien por estar ahí para los demás o sacrificarse para estar ahí para los demás; el salvador depende en gran medida de los deberes, las obligaciones, el chantaje emocional y el miedo a tener tanto ego que pueda causar alienación o abandono. Como resultado, priorizas estar y verte bien al señalar buenas intenciones o sacrificarte de forma innecesaria, incluso cuando eso significa sentirte como si no fueras nadie si no estás haciendo cosas por los demás.

Cuando te esfuerzas para no decir *no* o no dices *no* es porque crees que es tu deber decir sí; de lo contrario, sientes que estás haciendo daño a la persona. Al sentirte necesitado, temes que no puedan arreglárselas, que el problema no se resuelva sin ti o que no sobrevivas y te despidan por decir *no* en esta ocasión. Como se trata de parecer y ser bueno y útil a través del altruismo, no se percibe como egoísmo y una violación de un código ético.

En vez de estar involucrado en las vidas y problemas de las personas desde un lugar de «ser tú mismo» y dejar que esto dicte a qué dices *sí* y *no*, adoptas la personalidad de un abnegado, dispuesto a dejarlo todo, incluido tú, y supuestamente sin esperar nada a cambio. Tal vez eres un salvador de toda la vida que, a través de rasgos bondadosos o esforzados, ha obtenido un nivel de propósito y valor o ha querido ayudar y salvar, pero careces de la validación, el reconocimiento, la relación o la experiencia que sientes que, en algún nivel, te haría sentir completo.

Necesitar que te necesiten es el punto decisivo de tus desafíos porque crea una agenda oculta. La identidad del salvador parece tan altruista, bien intencionada y centrada en los mejores intereses de otras personas que resulta inesperado que quieras algo a cambio. Al centrarte en la imagen, finges que no tienes necesidades ni una agenda o que las cosas no te molestan, sin darte cuenta de cómo esto te hace inadvertidamente falso. Ya sea que necesites que se vea tu virtud o te sacrifiques con esfuerzo, no te has dado cuenta del hecho de que, incluso si estás dando, hay razones equivocadas. Y entonces puedes estar ciego, no solo en cuanto a dónde te estás haciendo daño y sobrepasando tus límites, sino también cuando se lo permites a alguien o cuando te entrometes.

Gaby se sintió humillada y aprovechada por su familia, pero se sintió demasiado culpable para decir *no*. Reconocer cómo sus acciones no solo le habían dado una sensación de control que la ayudó a sentirse menos asustada de ser dueña de su vida, sino también que estaba en un círculo vicioso que permitía el mismo comportamiento que decía que no le gustaba, le permitió ver cómo ella estaba involucrada en el problema. Como muchos complacientes, su motivación era demostrar o conseguir algo... que ya tenía. Claramente, había demostrado con creces su utilidad.

Por supuesto, ayudar, apoyar y salvar a alguien son cosas buenas, pero hay que hacerlo con límites, de lo contrario convertimos a las personas en problemas para ejercitar nuestro bagaje emocional y nuestro ego. Por eso hay un cambio en la forma en que los trabajadores sociales abordan la ayuda, porque cuando sigues viendo a las personas como un problema, puedes terminar deshumanizando a las mismas personas a las que quieres ayudar.[1]

Puede ser un shock darte cuenta de que no eres tan desinteresado como piensas, pero eso es algo bueno porque esa pretensión está matando tu espíritu y posiblemente agotándote. Pero, y aquí es donde entra en juego la cuestión, sacrificar no es lo mismo que *dar*, y si siempre eres tú quien da o salva, entonces todos los demás tienen que tomar o victimizarse, y esos son límites de mierda que no sirven a nadie.

Esos sentimientos y necesidades que finges no tener y la

creencia de que la gente no ha apreciado «todo lo que has hecho» te enseñan que debes escucharte y cuidarte. Tu ser salvador es un doble rasero de actuar como si no tuvieras necesidades mientras elevas, incluso exageras, las necesidades de otras personas y te haces responsable de ellas mientras eres poco responsable de ti. La personalidad de fuerte significa que no dejas entrar a la gente y actúas como si fueran los únicos que pueden tener problemas hasta que te agotas, pero estás regalando algo que no te das a ti mientras esperas que otros hagan por ti lo que tú no harás por ti mismo.

En algún nivel, razonas que siempre vas a ceder más que los demás o que ya has hecho tantas cosas a lo largo de tu vida que eres casi irreprochable o que no debería ser tan difícil para la otra persona corresponder, aunque sea un poco.

Pero estás tratando de alcanzar la felicidad sin que te vean, sin verdaderamente darte a ti mismo en el sentido de poner límites y permitirte ser una persona plena. Finges que no sabes lo que está pasando y por qué no te afecta tanto, pero tú también importas y eso no es algo que debas ganártelo. La gente no sabe cuánto te chantajeas de forma emocional para hacer cosas y, en última instancia, si no te sientes genuinamente bien después de ayudar, no es ayuda: es una estrategia.

Temas comunes

- Ser partidario de reparar y rehabilitar relaciones en las que crees que tu sola presencia les levanta el ánimo, o volverte tan indispensable o marcar una diferencia tan positiva en su vida que la persona deba quedarse y no abandonarte porque, en teoría, no tiene una razón para irse.
- Tener miedo de incomodar a los demás si crees que eso

dará como resultado que te perciban negativamente o que no te necesiten, o que no te sientas a cargo.

- Verte enredado por tu familia y así encontrarte a su entera disposición o inmerso en sus dramas, lo que en ocasiones resulta en descuidar tus responsabilidades y compromisos.

- Sentirte orgulloso de ser comprensivo y empático, y tal vez describirte como empático y pensar que está mal no ayudar si puedes.

- Puede que evitar relaciones íntimas con amigos o parejas románticas por temor al cómo podría interferir con salvarse si están más seguros emocionalmente y tienen límites y, por lo tanto, cuestionan tu comportamiento.

- Hacerte indispensable/útil para las personas con las que no te llevas bien para no desagradarles (o verte o sentirte como una mala persona) al afrontar lo que no te gusta o te incomoda.

- Disculpar a las personas incluso cuando sabes claramente que han cometido actos sospechosos y darles una centésima «segunda oportunidad» para evitar aceptar la verdad.

- Actuar como una bolsa de aire emocional en tus relaciones románticas, de modo que proporcionas un aterrizaje suave cuando acaban de salir de una ruptura, siendo el rebote, o absorbiendo todos sus sentimientos, o protegiéndolos de tener que afrontar sus responsabilidades, ya sea para ellos mismos o la relación, asumiendo la mayor parte.

- Imponer dinero o posesiones a parejas románticas y amigos, aunque no lo hayan pedido y luego buscar venganza cuando la relación se estropea.

- Ser el que todos esperan que maneje las cosas cuando

un pariente mayor se enferma o tiene necesidades adicionales porque los otros miembros de tu familia desaparecen o asumen que tú eres el más responsable o que eres «bueno» resolviendo cosas.

Fortalezas y retos

- Ser bueno conectando personas, mediando, detectando y resolviendo problemas, pero esto también significa quedar atrapado en los asuntos de otras personas y sentirte demasiado responsable de una solución, o concentrarte demasiado en encontrar otro problema, incluso cuando la gente quiere seguir adelante.
- Ser la persona a quien acudir cuando los demás lo necesitan, posiblemente en cada área de su vida, porque pareces muy capaz, empático, comprensivo, dispuesta a buscar soluciones, etcétera. Esto también te deja atrapado entre sentirte necesitado, valorado y decidido y encasillado, humillado, maltratado, pero temeroso de no ser necesario.
- Ser muy resiliente en el sentido de que puedes hacer el trabajo, tolerar mucho y dedicarte a estar ahí para los demás. Pero depender demasiado de esta identidad de fortaleza significa que no pides ayuda y que tienes miedo de parecer débil y, al mismo tiempo, esperas que la gente se dé cuenta de que te estás ahogando e intervenga. El problema es que después te sigue costando trabajo aceptar ayuda incluso cuando es obvio que la necesitas.

Cosas a las que debes poner atención

- Permitir que el agotamiento y las enfermedades, incluidas las enfermedades crónicas, que surgen por estar sirviendo todo el tiempo, te impidan avanzar. *Soy tan amable... Solo estoy tratando de ser útil... Solo quería ayudar... Necesitan mi ayuda/apoyo... No entiendo por qué acuden a mí y luego no se molestan en seguir mis consejos... Estoy agotado... ¿Por qué todos vienen a mí?*

- Manipular la situación cuando sientes que las personas se alejan de ti para intentar que regresen incluso si realmente necesitan seguir adelante, y así tal vez pasas de pretender estar libre a de repente estar lleno de necesidades y actuar como si no pudieras arreglártelas sin ellas.

- Enfocarte en tus sentimientos, buenas intenciones y acciones cuando las personas te señalan dónde te has equivocado o les has hecho daño, en lugar de reconocer el impacto de tus acciones.

- Poner a las personas en pedestales, ya sea a ti mismo o a los demás. Aparte de que esto es como adorar ídolos falsos, quien no está en el pedestal se siente por debajo del otro.

La alegría de decir no: cambio rápido

- Si nada o muy poco cambia en una relación o situación (sin importar lo que hagas), incluso si las cosas parecen cambiar por un tiempo, pero luego regresan al statu quo, es porque estás asumiendo la responsabilidad de un problema que no es tuyo. Tratar de ser la solución al problema de otra persona nunca funciona porque te impide aprender una lección que necesitas aprender y te hace demasiado responsable de ella y poco responsable de ti. No importa lo bien intencionado que te consideres, no importa cuánto percibas que la persona está luchando, necesitas tener límites y sacar tu propia estrategia de ahí; de lo contrario, en realidad, no estás dando.

• Verifica el razonamiento de tu estilo de ayudar y rescatar. Sí, hay miedo al fracaso o a lo que pueda pasar con la persona, pero piensa en lo que ha estado pasando y si las cosas concretas que has hecho están ayudando a la persona, también piensa qué problemas puedes estar causando, no solo a ti sino a ella.

• Si puedes ayudar o participar solo si es en tus términos o si obtienes algo a cambio, haz una pausa. Cuando sentirte cómodo en esta relación depende de que tú te ajustes a un rol determinado, eso es una señal de que estás siguiendo un patrón y que no estás ayudando ni dando en el sentido más amplio. ¿Cómo podrías ayudar y apoyar sin que lo veas como tu trabajo en la relación o sin tener una expectativa de lo que la persona debería ser y hacer a cambio?

7
Sufrido

En los años transcurridos desde su divorcio, el ex de Mariama la criticó en cada oportunidad, a pesar de que había optado por no participar de forma activa en la vida de sus hijos (con visitas o pagando manutención infantil). A pesar de que la instaron a seguir el camino legal para protegerse a sí y a los niños y poner algunos límites muy necesarios a la situación, ella se resistió porque no quería que los niños pensaran que era el tipo de madre que les había impedido tener una relación con su padre. Pensó que ser una buena madre y no perseguirlo para pedir manutención infantil o limitar cuánto podía abusar de ella lo haría «ser amable» y detener el abuso.

En cambio, intensificó su campaña de acoso y abuso, que culminó en un aterrador altercado frente a sus hijos. Fue solo cuando él se negó a reconocer su angustia y el impacto de la terrible experiencia, incluido su trastorno de estrés postraumático, que ella finalmente puso límites. De momento.

Pero, incluso después de limitar el acceso, Mariama todavía tenía la esperanza de que él tuviera una epifanía o iluminación y reconociera todas sus buenas obras, se disculpara y arreglara las cosas. Se sentía resentida por tener que poner los límites y le parecía injusto dado que ella no había hecho nada malo. Pensaba que el sufrimiento era la forma de hacer que las personas reflexionen y cambien sus costumbres y que eso demostraba lo buena persona que era, sin darse cuenta de que la mantenía muy pegada a situaciones que les hacían daño a ella y a sus hijos.

> El sufrido es el estilo de complaciente que utiliza el desprecio hacia sí mismo y se pone, consciente o inconscientemente, en una posición de dificultad, angustia y frustración para ser «bueno», influir y controlar los sentimientos y el comportamiento de otras personas y llamar la atención sobre una necesidad.

De forma irónica, el principal impulso o motivación del sufrido es ser «el mejor de los peores» para sentirse seguro y valorado y, por lo tanto, *necesitar sufrir*. Si bien es posible que los sufridos siempre hayan estado en este estilo, también puede ser una versión «sufrida» de los otros estilos en los que la persona ha ido demasiado lejos y se ha sacrificado. Siguen intentando mostrar lo buenos que son para procurar que una persona los reconozca, los aprecie o los ame como ellos quieren, aunque se expongan a más daño y prolonguen su tormento.

Los complacientes que sienten que siempre reciben la peor parte y que habitualmente se burlan de ellos o los malinterpretan se reconocerán en este estilo y en los siguientes roles:

El chivo expiatorio	El alborotador/rebelde
El débil	El arruinado
El que no debe tener éxito	El que dice la verdad
El niño problemático	El extraño/La oveja negra

Los orígenes del sufrido

Los sufridos a menudo crecieron en un ambiente donde existía la noción de que el sufrimiento es lo que te hace una buena o mejor persona, o donde las personas eran tratadas como problemas o sus problemas eran ignorados o minimizados sin importar lo graves o reales que fueran. Hablar positivamente sobre uno mismo o sus logros puede haber sido considerado jactancioso, narcisista o propio de quien tiene ideas por encima de la propia posición social. Un adulto puede haberse martirizado o tolerado el maltrato por parte de su cónyuge, incluso de sus hijos, creando un modelo con esta actitud de permitir no solo que se aprovechen o abusen de él, sino también el abandono de sí mismo.

Los sufridos aprendieron a construir una identidad que esencialmente los convierte en los mejores de los peores. Es hacerse sentir «especiales», pero de forma negativa. Recibieron atención por dejar que la gente se descargara sobre ellos, por quedarse en un segundo plano o por seguir aceptando lo que alguien les estaba infligiendo sin mostrar que estaban molestos.

Algunos llegaron a desempeñar este rol porque lo copiaron de otra persona. Si la identidad colectiva en la familia era ser sufrido, a veces se puede haber percibido como si estuvieran tratando de superarse unos a otros en cuanto a quién lo tenía más difícil. Tal vez el sufrido consideró que no debía tener cosas «demasiado buenas» para no alejarlo de los miembros de la familia, por lo que victimizarse se convirtió en su forma de cumplir su rol familiar.

Quizá agotarse, presionar, incluso apoyar a la pareja abusiva fue una insignia de honor, era como si colapsar en el trabajo o estar abrumado por los problemas de otras personas o la relación fuera algo que debía lograr.

Algunos llegaron a ser sufridos porque siempre fueron el

problema, no porque en realidad lo fueran, sino porque alguien en el entorno se desquitó de sus problemas con ellos o los convirtió en representantes de sus problemas. Y así, el sufrido, aunque odiaba que lo trataran de esta manera, aprendió a la inversa a obtener valor de ser el chivo expiatorio. Su «trabajo» era ocultar las responsabilidades de otras personas y envolverlas en la ilusión de cualquier mentira que se estuvieran diciendo a sí mismas. De una manera retorcida, esperaban retribución y reconocimiento cuando llegara el día en el que la persona descubriera todas las mentiras y lo grande que es la víctima, pero, en cambio, esa persona podría negar que es un chivo expiatorio en primer lugar y convertirse en la víctima, todo ello sin dejar de utilizar al sufrido como chivo expiatorio.

Puede ser que fueran el objetivo de un hermano que parecía salirse con la suya, haciendo que la vida de los sufridos fuera un infierno, pero también creando una sensación de aislamiento en la que todos los demás estaban unidos contra ellos. Tal vez no les creyeron o descartaron sus preocupaciones, especialmente si eran los mayores y se suponía que debían «dar ejemplo». Es posible que su hermano haya podido mentir impunemente, incluso achacar sus «crímenes» al sufrido, y puede haber quedado claro que no importa lo buenos que fueran, no importa cuánto esfuerzo hicieron, no importa cuánto ayudaran o intentaran evitar molestias, no agradaban a nadie y nadie iba a ponerse de su lado.

Si todos los ojos estuvieran puestos en otra persona, tal vez porque esa persona tenía necesidades adicionales o porque había sido designada (o asumida) como la favorita, el sufrido aprendió a desempeñar el rol de segundo mejor o último en la fila, y aceptó (ya sea en la niñez o en una etapa posterior de su vida) sufrir dolor para tratar de obtener finalmente el apoyo que necesitaba. Después de pasar su infancia y parte de su edad adulta creyendo que eran un gran problema o una carga y luego descubrir que eso no era cierto, tratarán de obtener lo que «se les debe», ya sea haciendo que las personas validen sus experiencias o reconozcan dónde fallaron o dándoles nuevos problemas para que las apoyen mejor y puedan corregir los errores del pasado.

Puede haber sido que cuando estaba enfermo o atravesando problemas fue la primera vez que pudo contar con la atención de sus padres, o incluso saber que sus padres estaban preocupados por él significaba que, al menos, no estaban concentrados, por ejemplo, en otro hermano. A veces, puede haber sido que los hermanos competían con sus problemas para tener la atención de los adultos y que el sufrido se dejaba arrastrar por ellos o se daba por vencido y daba un paso atrás, actuando de manera demasiado responsable y como si no tuviera necesidades, y luego volvió a su lugar en la edad adulta.

De hecho, es posible que los sufridos se hayan dado cuenta de que la única forma de sentirse conectados con su familia o de desviar o mantener la atención era teniendo problemas y, por eso, de manera inconsciente, no se recuperan o siguen metiéndose en situaciones y relaciones de mierda, de modo que alguien (por ejemplo, sus padres) tiene que intervenir y acudir al rescate. Esto significa que pueden tener miedo de no sentir dolor, de mejorar, porque entonces perderán la atención o dejarán a la otra persona fuera de su rol. Incluso podrían sentir que seguir adelante significaría abandonar, por ejemplo, a sus padres, y por lo tanto podrían recaer inconscientemente en una adicción para no tener que crecer, pero también para que los padres no se sientan superfluos. El padre podría, por ejemplo, ser un salvador que no se da cuenta de que existe un patrón de conductas facilitadoras.

Los sufridos también suelen aprender su rol al experimentar dolor y trauma que no fueron reconocidos ni apoyados, incluyendo la posibilidad de ser llamados hipocondríacos, por lo que es posible que hayan permanecido en el dolor para tratar de llamar la atención sobre la negligencia original y finalmente obtener lo que necesitaban. Podría existir la sensación de injusticia de que alguien más fuera el favorito o la prioridad a pesar de que los sufridos tenían mayores necesidades. Esto podría resultar particularmente doloroso si experimentaron algo traumático o si la otra persona todavía era el foco a pesar de tener menores necesidades en ese momento. Incluso cuando los sufridos avanzaban y lograban el éxito por derecho propio, es posible que sintieran la necesidad de frenarlo y tratar de que las personas reconocieran lo que no reconocieron en el pasado. Podría ser que la familia haya ignorado o hecho la vista gorda ante el abuso o cerrado filas cuando los sufridos intentaron que todos vieran lo que estaba pasando, lo que efectivamente provocó que se aislaran del grupo y se sintieran abandonados. Es posible que tengan conflictos con sus familiares, tratando de que los vean, incluidos otros que también fueron víctimas de ello, solo para sentirse invalidados nuevamente.

Aunque no se den cuenta, y aunque no sepan para qué sirve, están buscando redención. Están tratando de pagar la culpa por algo; por ejemplo, haber sido criados de manera inadecuada o haber experimentado hechos traumáticos, aunque no hayan tenido la culpa. Pero también intentan hacer que la gente se sienta culpable. Al absorber la culpa y pretender ser culpables, intentan crear un punto de inflexión en su sufrimiento para que otros den un paso al frente.

A medida que los sufridos intentan demostrar lo buenos que son y se ganan la satisfacción de sus necesidades a través del dolor, puede resultar insoportable y profundamente desencadenante cuando se enfrentan a lo inevitable de la vida, porque lo sienten como un rechazo de su victimismo y sus experiencias. Es como, «Dios, ¿cuánto más tengo que sufrir?». Puede existir esa sensación de estar preparado para la decepción y hacerse daño y, al mismo tiempo, sorprenderse de que a alguien no le agrade, esté en desacuerdo o no esté dispuesto a adaptarse a su dolor.

Como todos los complacientes, intentan ganar créditos para limitar o evitar cualquier cosa que los haga sentir inseguros, pero también están atrapados entre querer aliviar el dolor y utilizar el dolor para tratar de conectarse y que les presten atención. Cuando las cosas no salen como quieren o se sienten poco apoyados y abandonados, todo el dolor no reconocido vuelve a surgir y es como: «Después de todo lo que he sufrido, tienes la osadía de tratarme de esta manera ¡y aun así no me aceptas!», provocando no solo un profundo dolor, también una gran rabia por la falta de reconocimiento. Sienten que, dado todo lo que han pasado, la gente debería adaptarse a ellos y abstenerse de cosas como las críticas.

Les resulta difícil entender por qué alguien no los quiere, está en desacuerdo o no cambia a pesar de su condición de sufrido, sin darse cuenta de que la persona podría pensar que no es sincera precisamente por su disposición a sufrir. Y las personas que disfrutan explotando y lastimando a otros aprovecharán esta necesidad de complacer a través del sufrimiento.

Los sufridos, cuando han usado sus límites como moneda de cambio y se han dejado pisotear, se sienten utilizados y abusados, pero también confundidos en cuanto a por qué alguien no querría hacer las cosas bien y dejar de comportarse de esta manera o por qué no querría una relación con alguien que acepte cualquier cosa que le echen. Creen que la voluntad de sufrir es amor incondicional. Al reforzar cualquier rol que aprendieron en la infancia y por el cual se han definido, el rechazo apunta a la mentira de que esta es la única manera de ser. En lugar de decir *no*, aceptan la situación, dejan que las violaciones se acumulen y los resentimientos aumenten, y luego usan esto para justificar una salida abrupta o una explosión de ira.

Esto crea una dinámica de sacrificio-resentimiento, que también está presente en salvadores, donde los sufridos siguen sacrificándose y martirizándose mientras se encuentran resentidos por «tener que» hacerlo. Quieren que la otra persona cambie y razonan que sería para su beneficio, sin reconocer que en realidad es para ellos mismos.

Los sufridos esperan ser rescatados y, cuando esto no sucede, sufren un poco más en un esfuerzo por hacer que el rescate sea más probable. Piensan que tienen que ganarse la felicidad y demostrar la bondad a través del sufrimiento y que hay una cantidad mágica de sufrimiento que de repente hará que todo en la vida vaya bien. En cambio, se están preparando para sufrir más dolor, sin darse cuenta de que, al derivar una identidad del sufrimiento, sienten que tienen que permanecer así, lo que los vuelve impotentes e indefensos cuando no tienen por qué estarlo.

Sabes que tu estilo es sufrido si...

- Tu principal medio para tratar de ganar autoestima, complacer a los demás y lograr que satisfagan tus necesidades, deseos y expectativas es intentar demostrar lo bueno y lo merecedor que eres al haber experimentado el dolor y la necesidad.
- No dices *no* porque crees que no tienes más remedio que aguantar algo, sientes que aún no te has ganado el derecho a decirlo, tienes miedo de que la gente se vaya y que nunca satisfagan tus necesidades, o secretamente tienes miedo de tener que responsabilizarte de ti mismo.
- Cuando la vida no va como quieres; cuando la gente te enoja, te rechaza o te decepciona; o cuando no recibes

validación y reconocimiento, piensas en todo lo que has dejado pasar, las oportunidades que les has dado para que dejen de hacer las cosas que te hacen daño, todo lo que has soportado para demostrar lo bueno o cariñoso que eres (o cómo no eres lo que dicen que eres), piensas en el miedo a que convenzan a la gente de tu maldad o indignidad, o que es tu culpa y que tienes mala suerte o que nunca eres lo suficientemente bueno.

- Les dices a las personas lo que crees que quieren escuchar (y, a veces, lo que quieres que escuchen) porque esperas que se sientan culpables y obligadas a corresponder y satisfacer tus necesidades, deseos y expectativas.

- Tienes un fuerte sentimiento de verte obligado y culpable, por lo que crees que es tu deber sufrir para que otra persona se sienta bien consigo misma o permanecer estancado en tu patrón para no interrumpir el statu quo de la relación o la dinámica de tu familia.

- Crees que el sufrimiento es una señal de lo bueno que eres y que con el tiempo dará sus frutos y al final obtendrás la validación y el reconocimiento que has estado buscando.

Este estilo de complacer suele ser el menos obvio porque ni tú ni las personas que te rodean se dan cuenta de que se trata de mantener en juego una dinámica dolorosa en la que todos están involucrados hasta cierto punto. Además, debido al dolor que sientes y el motivo, no percibes que estés complaciendo a nadie. Pero, en cierto nivel, sientes que tienes que ser así para alguien y que, si dejaras de hacerlo, sería un problema.

Tu identidad se deriva de ser la víctima y luchar. Eso no significa que no hayas sido una víctima, pero la forma en que te percibes a ti mismo y lo que esperas de los demás y del mundo es a través de esta lente: «Eres una persona a la que pueden hacer daño o te has sentido demasiado aplastado por lo que ya has aguantado». El sufrido depende en gran medida de una sensación de enredo, deber y de asumir la culpa, por lo que antepone el dolor y la culpa a todo lo demás, creando más dolor.

Cuando te esfuerzas para no decir *no* o no dices *no*, es porque contradice tu identidad de sufrido. Sientes que no tienes elección en las cosas y no quieres darle a la gente otra maldita razón más para tener un problema contigo o hacerte daño, por lo que te sientes maltratado, victimizado e impotente. Hay un cansancio con el *no*, pero, si no estás enojado por algo o no te sientes víctima, entonces ya no estás en el rol u otras personas no están en el suyo.

Debido a lo que has pasado y a sentirte repetidamente invalidado o que eres valioso y apoyado solo si estás angustiado, la idea de ser tú mismo parece complicada, sobre todo porque no estás seguro de quién eres sin estos problemas o sin tener otro drama en el horizonte. Es posible que hayas aprendido a obtener un nivel de aceptación y seguridad de esta posición y no quieras alterar el statu quo, en especial con familiares que pueden depender de este rol incluso si nadie lo admite, pero dado lo mucho que has sufrido, es como: «Ya he empezado, así que debo terminar», y vas a cargar este burro hasta que se derrumbe. Tu sufrimiento puede seguir un patrón similar (por ejemplo, relaciones románticas tórridas, la misma discusión con la familia), mientras que otras áreas de tu vida pueden ser buenas; o puede ser una batalla campal donde surge drama en cada área o parece como si te deslizaras de una cosa a otra.

Sentir que necesitas sufrir es la raíz de tu dolor. Las personas tenemos muchas necesidades, pero sufrir no es una de ellas. El sufrimiento tapa otras necesidades que oscilan entre negar y revelar. Ser sufrido es la forma en que te conectas y cómo intentas llamar la atención, el afecto y más, y esto significa que es como si realmente no sintieras que puedes hacer o ser algo sin tener que sentirte como una mierda hasta cierto punto. Intentas influir y controlar los sentimientos y el comportamiento de otras personas sacrificándote, pero eso te expone a más sufrimiento. Cuando tienes una mentalidad de que la lucha y el dolor son prueba de esfuerzo y bondad, no te permitirás estar en situaciones que no sean dolorosas. Ya sea de forma deliberada o no, te pones en peligro o te obligas a sufrir.

Esto es lo que vemos con Mariama, que tenía los medios para dejar a un lado a su ex, pero eso habría significado no tener la identidad de seguir siendo agraviada por él. No se había dado cuenta de que estaba actuando como si participara en las Olimpiadas del Sufrimiento en las que demostrar «lo buena que es con lo mucho que duele», algo que con el tiempo será recompensado. Sí, el comportamiento de su ex fue deshonesto, abusivo e injusto, pero al aferrarse a su rol de sufrimiento para tratar de que entendiera, estaba perdiendo de vista que necesitaba crear límites para el bienestar de sus hijos y el suyo.

Los seres humanos experimentan dolor, problemas y traumas, y sufren durante un tiempo, y sí, a veces, sin hacer nada por su cuenta, sufren de forma innecesaria por lo que otros le niegan a pesar de tener el poder de corregir la situación, como lo que vemos con la pobreza, el hambre o el acceso a la atención médica. Pero el sufrimiento no es algo que pueda usarse como una insignia de honor o un reclamo por lo que crees que se te debe sin reconocer lo que también te estás haciendo a ti. Cubres tu agenda con ser amable y ser tú quien sufre, pero no te das cuenta de que quieres que la persona deje de lastimarte para que puedas sentirte mejor sin ser dueño de lo que te estás haciendo al bloquearte para no tener límites.

Has pasado por muchas cosas (no se puede negar eso), pero la ironía es que niegas tu sufrimiento porque la identidad o personalidad no te permite obtener acceso al apoyo, los recursos, las relaciones y las cosas que difieren de ella, por eso tu ser complaciente prolonga tu sufrimiento. Aunque es posible que tengas algunas de estas cosas, de forma inconsciente estás impidiendo obtener «demasiado» del otro, porque eso no se ajusta a tu identidad. También es la razón por la que podrías autosabotearte cuando se presenten situaciones o personas más saludables, porque no coincide con tus sentimientos de valía.

Lo que estás haciendo no te hace sentir bien y nadie tiene derecho a que los «complazcas» de esta manera. El sufrimiento es ese cuento de hadas en el que el sufrido bueno soporta el dolor en una apuesta en la que pierde ahora para ganar en grande después, pero está perdiendo aún más de él mismo. Los límites, que a menudo consideras un castigo y te inducen a sentirte culpable, son precisamente lo que te liberará y protegerá.

Temas comunes

- Tener pensamientos típicos como: «Tengo que seguir hasta el final. Soy desafortunado. Es mi culpa. La gente quiere arruinarme. No tengo más remedio que aguantar esto. Amo demasiado. Esto es lo mejor que hay. Solo hice lo que ellos querían. Dejé que otra persona sea el centro de atención; algún día tal vez alguien haga lo mismo».

- Al prepararte para que te hagan daño no te permites disfrutar demasiado las cosas o sentirte demasiado decepcionado si salen mal, y echas la culpa de que las cosas vayan mal a que te relajas demasiado.

- Publicar acontecimientos convulsos de tu vida en las redes sociales para dejar pistas sobre tu sufrimiento, posiblemente preocupando a tus seres queridos, quienes luego te contactarán.

- Sentirte agraviado por alguien y luego casi hacer campaña para que la gente se ponga de tu lado, incluso si no es necesario, con una mentalidad muy de «estás conmigo o contra mí».

- Temer, en cierto nivel, que, si te permites sanar, crecer y aprender «demasiado», las personas que te han hecho daño no verán sus malas acciones, incluso podrían atribuirse el mérito de tu progreso.

- Mantenerte conectado con tus ex u otras personas con las que no quieres estar y que te explotarán para pedirte favores, o acariciar tu ego porque los mantienes complacidos para que no te hagan daño (o para que no se conviertan de manera espontánea en una mejor persona cuando no estás cerca para beneficiarte de ello).

- Creer que «el dolor es amor» y pensar que debe haber algo intrínsecamente bueno en alguien que se lastimaría a sí mismo en un intento de amar a los demás, y así, sin saberlo, sentirse atraído por relaciones dolorosas en las que sientes que cuanto más duele, más significa que estás enamorado.

- Colocar a las personas en el rol de salvador/reparador/ayudante/sanador y después sentir resentimiento cuando te tratan como a una víctima, se hacen cargo o no cumplen con tus expectativas, y luego se convierten en el problema.

- Asumir que a todos les va mejor que a ti para no ver las luchas de un ser querido, incluso el impacto de sus acciones porque estás demasiado atrapado en tu dolor y tus esfuerzos.

- Evitar tener relaciones duraderas, sentirte cauteloso, conocer a alguien que derriba tus muros para ganarse tu confianza, solo para resultar herido por esa relación intensa y enfermiza y retroceder confundido sobre por qué estás herido de nuevo. Y enjabonar, enjuagar, repetir.

Fortalezas y retos

- Parecer muy duro y resistente, no quejarte de tener mucho que hacer y disfrutar el desafío de resolver problemas y organizarte, pero te resulta difícil comunicarte cuando no tienes el ancho de banda o cuando algo no es tu responsabilidad.
- Aunque hay un marcado contraste con el sufrido, puedes ser independiente y autosuficiente, pero significa que mantienes a las personas a la distancia o te aíslas.
- Aceptar más ayuda que la mayoría de los complacientes, pero luego sentir la necesidad de fingir incompetencia o permitirte ser el proyecto favorito de alguien para seguir recibiendo ayuda o conexión.

Cosas a las que debes poner atención

- Permitir que las cosas se intensifiquen hasta crear una necesidad urgente. Es como cuando alguien exagera un hecho porque no cree que la verdad sea suficiente por sí sola. Tu necesidad es suficiente por sí sola sin exponerte a un dolor innecesario.
- No permitirte aprender de un error o fracaso del pasado que quizá hayas exagerado o distorsionado y, en cambio, reprimirte para seguir restregándotelo en la cara y no relajarte, volver a intentarlo y exponerte a un futuro dolor más grande.
- Ver el agotamiento como una insignia de honor y, por

lo tanto, no sentirte involucrado en identificar las causas fundamentales.

- Obsesionarte cuando sientes que has sido descartado y olvidado por alguien por quien sufriste mucho.

La alegría de decir no: cambio rápido

- ¿Qué pasa si no eres la mejor ni la peor persona y, en cambio, eres un ser humano? Hay maneras mucho mejores de sentirse bien consigo mismo que tratar de ser superior sosteniendo la medalla de oro olímpica por la bondad lograda mediante el sufrimiento o exacerbando la inferioridad dándose el gran premio por ser lo mejor de lo peor. Esto no significa que no hayas pasado por cosas y que ciertas personas no se hayan aprovechado o abusado de ti, pero eso no te convierte en «el mejor de lo peor»; te hace humano.

- Pregúntate: ¿quién soy yo sin estos problemas? A veces algunos de los problemas que tenemos son parte de nuestra identidad. Se adaptan a los roles que desempeñamos en nuestras vidas. Por lo tanto, si dejamos de tener el problema, dejamos de desempeñar el rol. Pero si derivamos nuestra identidad, valor y determinación del rol, descubrimos la motivación detrás de nuestros problemas.

- Considera qué es lo que siempre notas y valoras en las personas o qué es lo que tiende a frustrarte y molestarte en tus relaciones interpersonales. Esto te dirá lo que necesitas.

PARTE 3

Los seis pasos para encontrar

la alegría en el *no*

La alegría de decir *no* tiene que ver con la alegría que puedes conseguir y conseguirás cuando te conviertas en una versión más honesta de ti al elegir la prioridad sobre la programación obsoleta. Se trata de alinearte con quién eres y quieres ser, así como con cómo quieres sentir y seguir sintiendo, y con las relaciones, oportunidades y actividades que te importan. Se trata del impacto, el verdadero significado y las consecuencias de decir *no*, y de cómo te abre a recibir una vida que se parece más a la tuya. Puedes estar vivo en lugar de decir grandes mentiras y esconderte.

> ¿Cómo te sientes, no solo inmediatamente después de decir *no*, sino en los días, semanas, meses y años siguientes?
>
> ¿Cómo el *no* te permite escuchar tus necesidades, expectativas, deseos, sentimientos y opiniones?
>
> ¿A qué le estás diciendo que *no*?
>
> ¿Y a qué, como resultado de permitirte decir *no*, le estás diciendo que sí? ¿Qué se vuelve posible y en quién te convertirás?

A pesar de tus esfuerzos por complacer a todos los demás para que se sientan necesarios, valorados y decididos y para evitar la incomodidad y el dolor, tampoco has encontrado la alegría de decir *sí* porque no has dicho *no* tanto como necesitas y deseas, entonces tu *sí* no ha sido auténtico y amoroso contigo. Te ha hecho daño, posiblemente mucho.

A veces odiarás cómo te encuentras al decir *no*, pero no porque estés equivocado, sino porque al final estás experimentando tus sentimientos y reconociendo lo incómodo que te sientes con la vulnerabilidad y la posibilidad de decepcionar a los demás. Tu bagaje emocional se está mostrando. En ese momento, te afliges por la versión tuya que solía pensar que evitar el *no* era el camino. Liberas un poco más de esa fantasía, las viejas historias y juicios, y estás un poco más ligero porque estás sanando, creciendo y aprendiendo.

Puede resultar tentador permanecer en tu incómoda zona de confort porque crees que al menos te resulta familiar y que seguro que no puede empeorar. Hasta que lo haga. Cualquier cosa con la que estés dispuesto a conformarte es lo que obtendrás, y la alegría, la paz y la satisfacción se encuentran fuera de tu zona de confort de complaciente.

Buscas la gratificación instantánea y juegas con tu bienestar con la esperanza de ser recompensado con el tiempo. Ya tienes experiencia más que suficiente en decir sí de manera no auténtica, incluso cuando tienes buenas intenciones y eres autoprotector, para saber que causa más problemas de los que resuelve. Ser complaciente puede aliviar la tensión en el momento, pero, entre cómo terminas sintiéndote después y la resaca a medio y largo plazo, es hora de dejar de intentar gestionar los sentimientos y el comportamiento de otras personas y decir honestamente *no* y *sí* a gestionar los tuyos. Llevará tiempo, pero la inversión vale la pena.

En estos capítulos finales, comparto contigo los seis pasos

para recuperarse del ciclo de complaciente. Realizar todos los pasos es poderoso, pero realizar incluso uno te ayudará a romper el patrón y, sin darte cuenta, te ayudará a realizar los demás. Fijemos algunas expectativas realistas desde el principio:

No compliques demasiado las cosas. Ya sea pensando que no podrás ser amable y cariñoso contigo hasta que hayas demostrado que puedes decir *no* «bien», imaginando que reparar y poner límites es complicado, o esperando no cometer un error. En algún momento, todo esto retrasa el reconocimiento de tus límites y la experiencia de más alegría.

No hay ningún formato. Tendrás que tomar medidas y ser vulnerable a lo desconocido de todo esto, y luego aprender y perfeccionar a medida que avanzas. Significa escucharte, poner atención, estropear las cosas, volver a levantarte e intentarlo de nuevo. Antes de decirte que no puedes hacer esto o que no tienes idea de cómo empezar, compruébalo. Has estado corriendo por todos lados tratando de complacer a todos los demás. Ahora vas a destinar gran parte de ese ancho de banda a ti.

No es necesario dar un gran salto. Esto se debe, sobre todo, a que podría asustarte muchísimo y hacerte retroceder. En vez de eso, establece la intención de tener una relación más responsable y limitada contigo. Los pequeños pasos de cada día suman. Lo que haces con frecuencia importa más que lo que haces de forma ocasional, por lo que cuando te presentas constantemente con una actitud de querer tener límites más saludables, experimentarás el efecto acumulativo de invertir en ti. Aprenderás el cuidado personal de descubrir qué funciona y qué no funciona para ti conforme avances. Te recomiendo que registres las ideas y observaciones obtenidas al seguir estos pasos en un diario, en la aplicación de notas de tu teléfono o en cualquier lugar que sea fácil y accesible, porque además de permitirte reconocer el progreso (en especial cuando eres humano y dudas de ti), también es tu enciclopedia personal de lo que funciona y no funciona para ti. Un día, no muy lejano, te darás cuenta de que no hiciste automáticamente algo que solía doler. Tal vez notarás que no te preocupas por algo como solías hacerlo. Progreso.

Empecemos.

8

Conoce a tu complaciente

En otoño de 2014, mientras la epidemia de ébola arrasaba su país de origen, Sierra Leona, invitamos a mi suegra a quedarse durante lo que supusimos que serían unas pocas semanas, pero que resultaron ser ocho meses y medio. No tuve ningún reparo en su visita porque nos llevábamos muy bien, pero meses después, caminaba con pies de plomo debido a su silenciosa infelicidad conmigo. Cuando finalmente escuché sus críticas, primero a través de mi esposo y luego en medio de una discusión al estilo *Dinastía*, literal, con abrigos de piel volando entre ella y mi madre, se desencadenó una herida y una rabia que me consumieron de forma intermitente durante más de un año. Y entre agotarme tratando de mantener un hogar impecable y afrontar mis sentimientos y comportamientos día tras día en mi diario, llegué a conocer a mi complaciente como no lo había hecho antes.

Al reflexionar, reconocí que, si bien había disfrutado y valorado la relación con mi suegra, mi rabia era la señal de que en algún momento del camino me había dedicado demasiado a ser *finalmente* la hija adorada de alguien, hasta que me di cuenta de que no lo era. No poder escapar de la situación incómoda o fingir estar bien me obligó a examinar más de cerca mi hábito de complacer y mi «porqué».

Cuando los complacientes se sienten lo suficientemente enojados, heridos o agotados como para renunciar a la cortesía o a parecer tranquilos para dar a conocer su posición, o empiezan a reconocer que tienen problemas para decir *no*, no es raro que se produzca una ráfaga de *noes*. Podríamos explotar y soltar una descarga de *noes* para recuperar el tiempo perdido, dejándonos avergonzados por nuestro comportamiento. O no entendemos por qué las personas con las que hemos restringido nuestros *noes* no los aceptan de inmediato para que podamos avanzar hacia nuestro felices para siempre. Incluso si al principio nos sentimos energizados por nuestro nuevo poder de decir *no*, podemos retroceder cuando sentimos que nos salió el tiro por la culata o que no estamos experimentando los resultados deseados, solo para luego sentirnos frustrados cuando las personas inevitablemente traspasan los límites, o con nosotros mismos, por no habernos apegado al *no*.

Si bien tuve que pelearme con mi suegra para examinar a mi complaciente de maneras nuevas y más profundas, fue mirar el contenido de mis días y semanas durante este tiempo lo que me ofreció respuestas y me ayudó a avanzar de forma gradual.

Si no entendemos nuestros hábitos de complacencia, cuándo se nos activan y nuestro «porqué», el piloto automático de nuestros hábitos nos seguirá pillando por sorpresa. Por eso el primer paso para romper el ciclo de complaciente y encontrar tu *no* es conocer a tu complaciente, porque no puedes cambiar lo que no conoces, y hasta que no sepas tu *no*, no podrás saber tu *sí*.

Es un ejercicio y experimento simple pero poderoso que consta de dos partes: durante una semana, recopilarás información sobre cómo y dónde gastas tus *sí*, *no* y *tal vez* para obtener una idea más clara de lo que te funciona y lo que no. Y luego, la semana siguiente, usarás esa información para intentar reducir tus *síes* a la mitad.

Cada uno tiene su estilo de complaciente, por lo que este paso consiste en responder la pregunta: «En mi vida, ¿cómo y dónde se manifiesta mi complaciente?».

Semana 1: recopilar datos

El objetivo de esta semana es tener una idea de dónde gastas tu ancho de banda mental. Cuando eres y haces cosas que reflejan quién eres (tus valores y límites), esto te dará energía. Y cuando no, te agotarás. Incluso si técnicamente estás haciendo las cosas que quieres hacer, si las haces sin tener en cuenta tu bienestar, también se volverán agotadoras. Entonces, por ejemplo, puedes ser madre o trabajadora, pero ¿tienes que intentar ser las versiones idealizadas de ellas que te han vendido a través de los medios y el patriarcado? Puedes hacer ejercicio o ir de fiesta, pero ¿necesitas exprimirlo al máximo?

Aunque siempre habrá cosas que no te entusiasmen hacer, pero que son un requisito previo para poder hacer otras cosas o que ayudan a que tu hogar o tu trabajo funcionen, la mayor parte de lo que haces debe aceptarse de forma consciente. Necesitas apagar el piloto automático y dejar de estar a merced de lo que te depare la vida.

Usa lo más fácil y accesible posible para anotar tus observaciones. Decide el nivel de datos que deseas registrar. Por ejemplo, podrías apuntar cada vez que digas *sí*, *no* y *tal vez* marcando la columna correspondiente o manteniendo una lista con viñetas. A lo largo de la semana, toma nota de lo siguiente:

¿Dónde sientes malestar? Observa en qué parte de tu cuerpo aparece, qué sentimientos intentas reprimir rápidamente y si estás tenso, ansioso, irritado, etcétera.

¿Qué te da energía y qué te agota?

¿Dónde dijiste que sí automáticamente?

¿Qué te hace reflexionar o ser autocrítico?

¿Cuáles son tus fuentes de ansiedad y preocupación?

¿Qué llamadas y mensajes de texto temes responder?

¿Qué te hace sentir abrumado?

¿Quién tiende a recibir la mayoría de tus *síes* y a beneficiarse y esperar que siempre digas sí, incluso si es en detrimento tuyo? Este es tu «entorno de complaciente», así que debes ser especialmente consciente de tu sí con esa gente.

Algunas cosas para tener en mente:

- Trata de tener una idea general de tu patrón para tener una imagen más real de tu semana. No es necesario que intentes registrar hasta el último *sí*, *no* y *tal vez* (controla a ese perfeccionista), pero reúne la mayor cantidad de datos posible desde el principio hasta el final del día.
- No es necesario hacer un seguimiento de cada *sí*, *no* y *tal vez* a medida que sucede. Puede ser que cada hora o dos, reflexiones y actualices rápidamente tu lista.
- Tendrás que ir un poco más lento de lo habitual porque estás procesando el contenido de tu día. Estoy hablando de segundos, no de minutos ni de horas.
- No confíes solo en la memoria para reconocer tu hábito. Si eso funcionara, ¡no necesitarías leer este libro!

- Como esta es una semana de observación, no te presiones para empezar a cambiar las cosas. Obviamente, si estás en condiciones de decir *no*, ¡adelante!

Dedica unos minutos cada día a revisar los datos y toma nota de observaciones particulares. Las viñetas servirán, pero los párrafos son más que bienvenidos. Observa los temas de tu semana, por ejemplo, los tipos de preguntas o situaciones, tu razonamiento, las personas involucradas, la hora del día. Cómo haces algo es cómo haces muchas cosas. Si tomas atajos y retrasas la satisfacción de necesidades básicas como ir al baño para seguir adelante con lo que sea que estés haciendo, eso es una metáfora de cómo tratas tus otras necesidades. Verás temas relacionados con tus sentimientos, pensamientos, acciones y elecciones.

El ancho de banda mental cambia a lo largo del día y la semana. Muchas personas adelantan su agenda comprometiéndose mucho al comienzo de la semana, posiblemente porque han descansado un poco, y luego pierden su magia cuando la realidad de sus compromisos y necesidades se hace presente. En un día o dos, están destrozados y contando de forma regresiva para su próximo tiempo libre, o continúan apretando más en su agenda y esperando mantenerse al día. Sé consciente de los patrones para que puedas aprovechar tu ancho de banda y descansar y hacer menos trabajo cuando lo necesites. Al comprender cómo vives y trabajas, dices sí, no y tal vez de una manera que satisfaga tus necesidades en lugar de tratarte como una máquina.

Conoce a tu estilo de complaciente

Buenos, prestad atención a las situaciones en las que de forma automática desempañáis roles esperados, en las que intentáis parecer una buena persona y en las que os convencéis de hacer algo por cómo creen que os percibirán si no lo hacéis.

Esforzados, prestad atención a los puntos en los que de forma automática os ponéis a toda marcha tratando de dar el cien por cien y en los que asumís demasiado diciendo que sí primero y luego registrando lo que implica vuestro compromiso excesivo después.

Evasivos, prestad atención a dónde aceptáis de forma automática las cosas y a la sensación de que la otra persona los desaprobará o se enojará si decís lo que realmente pensáis o sentís.

Salvadores, prestad atención a dónde asumís de forma automática responsabilidad o implicación y dónde no creéis que algo se hará o que la gente se las arreglará sin vosotros.

Sufridos, prestad atención a dónde asumís de forma automática que será un problema si decís *no* o expresáis lo que necesitáis o queréis y dónde os sentís resignados, impotentes o indefensos.

Semana 2: empezar a decir no

Esta semana consiste en probar tu *no* intentando reducir tu *sí* a la mitad para que puedas tener una idea de dónde puedes decir *no* sin que el cielo se caiga, y también notar quién y qué te provoca ansiedad y resistencia, así como por qué. No necesariamente reducirás tu sí en un 50 por ciento, pero si pasas por el proceso de identificar la mitad y contemplas e intentas decir *no*, tendrás una imagen más completa de tu hábito de complacer. Es posible que te sorprendas con lo que resulta que puedes decir *no*, pero también encontrarás los puntos calientes en los que actualmente te resulta casi imposible decir *no*.

Algunos consejos rápidos antes de empezar:

- Tal vez estás harto de tu ser complaciente y estás dispuesto a eliminar tu antigua forma de vida reduciendo tu *sí* a más de la mitad. También entiendo que, en el extremo opuesto, incluso la idea de reducir tu *sí* en un 10 por ciento podría provocarte ansiedad. Abraza el experimento y úsalo como una oportunidad para escucharte y respetarte más de lo habitual, y aprender de ello cuando no lo hagas.
- Establece la intención de reducir tu *sí*, ya que esto te preparará para notar las oportunidades.
- A menos que solo interactúes con una persona, o que sea una en concreto la que maximiza tu *sí*, no dirijas todos tus *no* hacia ella, ya que puede ser que te estés dirigiendo a ella porque te parece «más fácil». Empieza poco a poco y ve aumentando. Por ejemplo, tal vez comienzas eligiendo dónde ir a cenar o escogiendo un horario de reunión que te convenga en lugar de decir que no te importa.
- No es realista esperar sentirte cómodo diciendo *no* de inmediato cuando tienes asociaciones negativas y es un territorio desconocido. Dale tiempo. Observa cómo los sentimientos sobre el *no* cambian con el tiempo, así como las consecuencias reales del mismo. Entonces, si dijiste *no* el primer día y luego sentiste pánico, ahora que estás en el segundo día o más, ¿qué sucedió realmente?

Guiones de muestra para decir *no* sin decir la palabra «no»

No tengo el ancho de banda mental.

No puedo asumir nada más hoy.

No estoy disponible.

No puedo hacerlo.

Ya tengo planes.

Necesitaré más tiempo.

La verdad, no me gusta (zumba/beber alcohol/tríos), pero ¡gracias por preguntar!

Eso no va a funcionar para mí. / Eso no funciona para mí.

Gracias por pensar en mí, pero no podré asistir/hacerlo.

Gracias por preguntar, pero no haré [inserta lo que te hayan pedido] mientras [inserta lo que estás haciendo] (por ejemplo, «gracias por preguntar, pero no haré eventos de trabajo mientras los niños están en día festivo»).

Esto es lo que funcionará para mí.

Déjame decirte lo que puedo hacer.

Ya estoy trabajando en [tarea/proyecto] al que todavía le

quedan X minutos/horas/días/semanas. ¿Quieres que continúe o lo deje de lado para [la nueva tarea/proyecto]?

Fíjate en...

- Dónde dices *no* y está bien o no pasa nada «malo».
- Cuándo sientes la necesidad de contar una gran historia para justificar el decir *no*.
- Cuándo dices *no*, pero luego te sientes tentado a echarte atrás y decir que *sí* para no tener que lidiar con la tensión.
- Dónde te avergüenzas por decir *no*.
- Dónde te sientas aliviado.
- Quién casi dio por sentado que dirías que *sí* y si estaban enojados contigo por decir *no*.
- Dónde te preocupas y por qué.

No importa lo pequeño que consideres que es el *no*, asegúrate de reconocerlo y apreciarlo porque es un progreso y más grande de lo que piensas. Desarrollar el hábito de decir *no* proviene de decirlo también de esas pequeñas formas que suman.

Si no dices *no* cuando esperabas hacerlo, ¡está bien! Todo a su tiempo. Habrá otra oportunidad. Ten en cuenta los sentimientos, el proceso de pensamiento o las circunstancias que te rodean para saber con qué estás trabajando y volverte más consciente.

RECONOCE TU ANSIEDAD

Ser complaciente es un código para indicar que estoy o *estaba ansioso por algo*. Cuando te des cuenta de que tu complaciente está presente o lo percibas en retrospectiva, reconoce qué es lo que te preocupaba o te preocupa: por ejemplo, «me preocupa no agradar. Me preocupa decepcionar a la gente. Tengo ansiedad de que la persona me lastime o de que me meta en problemas».

Darse el tiempo para reconocer esto no solo te brinda la oportunidad de cuidar de ti aprovechando lo que realmente necesitas, quieres, esperas, sientes o piensas en ese caso, también te impide engañarte haciéndote creer que tus sentimientos, la respuesta que estás tentado a dar, o lo que estás a punto de hacer o ya has hecho tiene que ver con «complacer» a esa persona o hacer lo correcto para la situación o la relación. Recuerda, detrás de esa ansiedad no solo hay una parte de ti que quiere controlar lo incontrolable de alguna manera, también hay un antiguo enojo por algo, por lo que ser más consciente te permite procesar la ira enterrada en lugar de reforzarla.

Cuando me siento particularmente ansiosa e inquieta después de decir no, abro la puerta de la entrada o miro por la ventana. Por dentro, parece como si apretaras el detonador y ocurriera el apocalipsis. En realidad, cuando ves que el mundo no está en llamas, te das cuenta de que estás bien.

Tras el experimento de dos semanas

Ahora tendrás una mayor conciencia y conocimiento de cómo gastas tu ancho de banda mental y dónde necesitas decir *no*, así como tu «porqué» y el impacto tangible de tu *sí* en tu bienestar emocional, mental, físico y espiritual. Puedes ver la relación entre cómo gastas tu tiempo, energía y esfuerzo y cómo eso te afecta de forma emocional, pero también puedes ver cómo la manera en que te sientes afecta la cantidad de energía y esfuerzo que puedes poner y cómo necesitas gastar tu tiempo.

Llevar a cabo este experimento no consiste en intentar decir *no* durante una semana y luego volver a lo que estabas haciendo antes o esperar que el *no* se establezca sin que tengas que sentirte demasiado incómodo. Es el primer paso para sanar y convertirte en un complaciente en recuperación: alguien que reconoce que ha tenido ese hábito, pero que se compromete a conocerlo y conocerse a sí para poder romper el patrón.

Date tu tiempo y no te presiones para «arreglar tu vida» en quince días porque seguro que no llegaste a este punto en ese lapso de tiempo. Eso no significa que vayas a tardar el mismo tiempo que tardaste en construir el hábito (no lo harás), pero tratar de acelerar las cosas es otra forma de tomar atajos y evitar la vulnerabilidad, y así es como llegaste aquí. También se trata de adoptar un sistema holístico en el que, en lugar de tratarte a ti o a tu vida como un problema que debes solucionar, uses tu mayor comprensión de tu ancho de banda para honrar quién eres y quién quieres ser; las cosas, relaciones y metas que te importan, y la forma en que quieres sentir y seguir sintiendo.

Este es un viaje. Todavía vas a ser complaciente a veces. Joder, lo sé. Pero lo harás menos y aprenderás de esos momentos en los que lo hagas. Descubres quién eres al descubrir quién no eres, así que utiliza estos datos para practicar el discernimiento. Al darte la oportunidad de reconocer y aprender cómo y dónde invertir tus buenas cualidades, tiempo, energía, esfuerzo y emociones, en las personas y situaciones adecuadas, siendo más intencional y auténtico, te tratas a ti como una persona valiosa. También te encontrarás cara a cara con tu bagaje, y en eso vamos a profundizar en el siguiente paso.

Adopta límites saludables

- A qué dices *no* define a qué puedes decir *sí*. Las buenas relaciones, trabajos y oportunidades, el sentido de uno mismo y los sentimientos de alegría no encajan en límites de mierda, así que en lugar de juzgarte a ti (o a los demás) por tener un ancho de banda mental y necesitar discernimiento, considéralo como un permiso para respirar y ser más tú.

- El ancho de banda mental es personal y no tienes el mismo todos los días porque tus circunstancias personales, incluidos la calidad del sueño, el funcionamiento de tu cuerpo, el cuidado personal, el estrés, etcétera, afectan tu capacidad, así que conoce el tuyo.

- No compares tu ancho de banda mental con el de otros que parecen hacer «más» o estar recubiertos de teflón porque no conoces el coste de sus elecciones.

- Puede ser frustrante cuando las circunstancias, tus condiciones personales, afectan a tu ancho de banda mental, incluso te hacen sentir que te estás perdiendo algo y que tus opciones están restringidas. Pero si no escuchas a tu cuerpo y aprendes a respetar lo que sucede en él y en tu vida, solo tendrás menos ancho de banda debido a que exagerarás lo que está sucediendo. Si dejas de ir contra ti, es sorprendente cuánto más ancho de banda se abre porque también eres más perceptivo.

- Si sabes que ciertas cosas agotan tu ancho de banda mental, incluso si las disfrutas, haz espacio en tu agenda, planes y expectativas para ellas. Por ejemplo, si tengo un evento, sé que necesito tener una semana más tranquila, incluidos un par de días más tranquilos después del evento.
- Si bien, a veces, decir *no* resuelve algo al cien por cien, otras veces es un comienzo que te da un respiro para descifrar tus otros *no* o descubrir a qué quieres decir *sí*.
- No siempre podrás hacer todo lo que imaginas que debes hacer. Mantén una lista de «Lo que hice hoy», en especial si tiendes a ser poco realista acerca de cuánto tiempo tienes o cuánto tiempo llevan las cosas.

Solución de problemas «no»

Natalie, no tengo tiempo. ¿Qué es lo mínimo que puedo hacer?

- Elige una cosa que hagas diariamente (o que hagas de forma automática cuando se presenta) que represente que estás retrasando tu necesidad: vaciar el lavavajillas u ordenar y limpiar en lugar de trabajar en el proyecto que te apasiona, por ejemplo. Solo concéntrate en eso y disminuye un poco la velocidad para notar lo que sientes, piensas o haces. Pregúntate: «¿Por qué estoy haciendo esto? ¿Tengo que hacer esto ahora mismo o de esta manera?». Cómo haces algo es cómo haces muchas cosas. Elige un aspecto que harás de manera diferente y experimenta con eso durante una semana. Aprender a pasar delante de los platos y dejarlos hasta que haya hecho lo que tengo que hacer o que alguien más lo haga ha sido una gran revelación.

- Qué *sí* se quedó en tu mente a pesar de que sucedió hace horas, incluso días? ¿Qué te dice esto sobre el *no* que debes dar la próxima vez o sobre dónde debes poner más límites?

Vivimos en un mundo donde todos estamos más ocupados que un presidente ejecutivo, pero si todavía estás demasiado ocupado para probar cualquiera de las sugerencias, sé honesto acerca de por qué has diseñado tu vida de tal manera que te hace sentir que no tienes tiempo.

¿Qué pasa con las cosas que ya acordé y que están en el calendario y que no puedo (o no quiero) cambiar?

Tú eres el administrador de tu ancho de banda mental. No se trata de decir *no* a las cosas que quieres o a las que realmente necesitas decir *sí*. Si tienes compromisos para la próxima semana y de verdad no puedes cambiar ninguno, ¿a qué más necesitas decir *no* para facilitar tu presentación de una manera que respalde tu bienestar? Podría ser decir *no* a quedarte despierto hasta tarde y decir *sí* a tomar aire fresco y asegurarte de tener comidas y refrigerios, lo que significa decir *no* a trabajar o correr todo el día sin tomar un descanso. Es posible que tengas que decir: «Oye, estoy muy ocupado esta semana, así que, a menos que sea realmente urgente, tendrás que esperar hasta la próxima semana o tendrás que preguntarle a alguien más». Si estás tan ocupado y comprometido que no puedes decir *no*, no aceptes nuevos *sí* (a cosas similares) para esa semana y ten en cuenta cómo programas las semanas siguientes en lugar de repetir el mismo programa.

Me siento sobrecargado y no sé por dónde empezar. ¡Ayuda!

Como alguien que solía estar crónicamente sobrecargada con una lista interminable de tareas pendientes, te escucho.

¿Sabes lo que me sacudió? Reconocer que no hay nada en esa lista o en mi agenda que yo no haya puesto ahí, ya sea imponiéndolo o aceptándolo de forma directa o mediante el cumplimiento o el silencio. Lo sé, apesta, y es fácil decir que es culpa de los demás (Dios sabe que a veces me he sentido resentida con mi esposo e hijas por «darme» tanto que hacer), pero tú eres el administrador de tu ancho de banda mental. Has dado el paso más importante: reconocer que te sientes abrumado (algunas personas ni siquiera se dan cuenta de esto y piensan que lo normal es el modo conejito de Duracell). Observa tu agenda y lista de tareas pendientes sin juzgar y distingue qué es lo que realmente debes hacer y qué proviene de intentar cumplir o mantener una imagen. El cerebro no diferencia entre las cosas que necesitas o tienes que hacer, las ilusiones y las tareas innecesarias. Así que sácalo todo de tu cabeza, ponlo en papel e identifica las prioridades reales. Si todo es prioridad, ¡nada lo es!

¿Cómo sé si estoy por encima de mi ancho de banda mental?

Los sentimientos de complaciente comunican que estás diciendo *sí* por razones equivocadas y/o que no has sido consciente de tus necesidades. Estás «lleno» y muy por encima de tu ancho de banda. Si muy poco te da energía, también estás por encima de tu ancho de banda porque has gastado demasiada y no te queda nada.

Creo que debería poder hacer más y preocuparme de no ser un flojo. Si acepto lo que he aprendido sobre mi ancho de banda mental, no sobresaldré.

No hay nada malo en tener metas y aspiraciones, pero el hecho de que te preocupes por la «pereza» y pienses que «deberías» hacer «más» apunta no solo a tu condicionamiento, también a que te estás esforzando por cumplir la versión idealizada de ti y quizá has perdido de vista un «porqué» genuino arraigado en tus valores y límites. La «pereza» es una construcción utilizada para explotar, abusar y deshumanizar a los humanos para que cumplamos, trabajemos más duro, gastemos dinero, compitamos unos con otros y no cuestionemos la fiabilidad del sistema. Piensa en esto antes de que acabe contigo.

¿Qué pasa si soy una persona muy ocupada y es parte de mi trabajo (o función en el hogar) resolver los problemas de otras personas?

Por supuesto, tu trabajo o negocio puede implicar ser la persona a quien acudir, pero asegúrate de hacer tu trabajo real, cumplir con tus prioridades y capacitar a otros para resolver tus problemas siempre que sea posible. ¿Estás creando trabajo innecesario mediante la repetición, la no delegación o el asumir que algo es tu responsabilidad cuando no lo es? Si estás resolviendo los mismos problemas con las mismas personas una y otra vez, entonces no estás resolviendo el problema. ¿Cómo podrías poner límites a tu trabajo para que todos puedan prosperar? Si esto sucede en casa, consulta tus expectativas y deberes y asegúrate de no asumir el control en situaciones en las que la persona podría beneficiarse, incluso le gustaría poder resolverlo por sí misma.

He pasado por un momento difícil y he intentado volver a la normalidad, pero me cuesta hacer lo que hacía antes. ¿Qué pasa conmigo?

No pasa nada contigo. No tienes el mismo ancho de banda mental que antes y posiblemente ya lo hayas superado. Eso no significa que vayas a estar en este nivel para siempre, pero debes reconocer lo que tú y tu cuerpo necesitan. Si, por ejemplo, no te encuentras bien, sufriste una pérdida, estás lidiando con uno o varios cambios importantes (muchos sufrimos esto con la pandemia), no puedes esperar que tu ancho de banda sea el mismo de siempre. Necesitarás adaptarte en lugar de comportarte como una máquina, lo que significa que deberás descubrir qué no te requiere. No significa que debas renunciar a tu trabajo, pero debes identificar dónde has gastado demasiado o dónde, en el futuro previsible, debes hacer una pausa respecto a algunas viejas expectativas.

Es más fácil decir _no_ en el trabajo cuando trabajas por cuenta propia o no tienes empleados. ¿Qué pasa cuando trabajas con o para personas donde el _no_ está mal visto?

¿De verdad trabajas con o para personas que tienen tolerancia cero con el _no_? ¿O es que de todos modos no dices _no_? Sé honesto contigo. Trabajo por cuenta propia y fui el peor jefe que he tenido porque no conocía mis límites y trataba de complacer a todos, y mi ego me hacía exigirme demasiado. Con o sin empleados, a mí (y a muchos otros, debo agregar) nos costó decir _no_, por lo que en realidad no se trata de las personas ni de la situación, aunque algunos la exagerarán. Así es como te sientes acerca del _no_. Si trabajas en un lugar que prohíbe el _no_, tienes que moverte a medio o largo plazo porque, de lo contrario, acabará contigo.

¿Debo confrontar a mi séquito complaciente o aislarme de ellos?

No. Cuando nos damos cuenta de quién se beneficia, es posible que sintamos que se aprovechan o abusan de nosotros. Pero confrontar o cortar sin limpiar tu propia acera siendo más auténtico con tu _sí_ y aprendiendo a decir _no_ es eludir la responsabilidad. Reconocer lo que esperabas que hicieran a cambio o en quién esperabas que se convirtieran, incluso aquello con lo que no tuviste que lidiar mientras estaban cerca, te ayuda a dar un paso atrás un poco y ser dueño de tu parte sin ser dueño de la de ellos. «Confrontar» sugiere que les estás presentando irregularidades con el objetivo de que se apropien de ellas o se disculpen. Claro, puedes comunicar que las cosas ya no funcionan como lo han hecho hasta ahora, cómo vas a cambiar y qué necesitas que hagan, si es que necesitan algo, pero también puedes mostrarlo y contarlo demostrándolo con tu *no*. No me malinterpretes: si alguien es una influencia nociva en tu vida y la relación no puede existir si tienes límites más saludables, distanciarte un poco o eliminarlos de tu vida bien puede ser parte de tus límites.

9

Reconoce tu bagaje

Cuando recuerdo las discusiones con mi suegra, para mí es claro como el día que la compleja relación con mi madre y las formas inconscientes que aprendí para protegerme de las críticas jugaron un rol importante en la forma en que interactué con mi suegra y la sensación de injusticia y traición que sentí después. Y esos mismos sentimientos me recordaron una multitud de experiencias que, hasta que chocamos, no sabía que todavía me dominaban.

Si no descubres las motivaciones por las que continúas pensando, sintiendo y haciendo ciertas cosas que te causan dolor y eliminas o restringes tus opciones, no podrás elegir cómo reaccionar. No sabes por qué estás reaccionando.

Cualesquiera que sean los detalles del «porqué» que empezaste a descubrir en el primer paso, la razón por la que dices *sí* y evitas el *no* en la forma en que lo haces se debe a tu carga emocional. Comprender qué impulsa tu «porqué» (el bagaje detrás de él) es fundamental porque entonces puedes utilizar un poco más los límites para romper el ciclo de complaciente y permitirte evolucionar para ser más tú.

Este poderoso paso te enseña a asumir responsabilidades, a ser más consciente y a no tomar el bagaje de otras personas de manera tan personal, utilizando el reconocimiento de tu bagaje emocional como una oportunidad para crear mejores límites en el presente.

En cualquier situación dada en la que te vuelves ansioso, temeroso, culpable, irritado, abrumado o con cualquiera de los sentimientos de complaciente, o dices que sí de manera no auténtica, o alguien te provoca, no es que la persona o situación no sea molesta, hiriente o lo que sea, pero no responderías de la forma en que lo haces si no fuera por tu bagaje emocional. Si bien es indudable que hay personas que te ponen de los nervios, confunden tu amabilidad con debilidad, te presionan, te lastiman y decepcionan, cómo respondes en ese momento y después (en especial cuando tu respuesta es automática o te deja sintiéndote mal o estancado) es que tu bagaje está apareciendo. Cuando te das cuenta de que has sido complaciente porque reconoces las acciones, pensamientos, sentimientos o resultados indeseables, y te has calmado lo suficiente como para ser incluso un poco autorreflexivo, es hora de preguntar: ¿cuál es el bagaje detrás de esto?

- ¿A quién y qué te recuerda esta persona o situación?
- ¿En qué otro lugar has sentido, pensado y actuado de manera similar?
- ¿Dónde aprendiste a responder de esta manera? ¿O quién te enseñó esta respuesta?

Cada vez que haces estas preguntas, accedes a información de tu sistema de archivo mental (tu subconsciente) y de tu sistema nervioso. Es posible que lo que te viene a la mente refleje una situación similar, pero también es posible que surja algo que percibes como «irrelevante» o «sin sentido». No lo es. Cualquier cosa que te venga a la mente es una pista de lo que está sucediendo porque es lo que tu subconsciente asocia con el hecho. Te estás permitiendo evaluar por qué haces las cosas de la forma en que las has hecho durante tanto tiempo y decidir si esa es la respuesta con la que quieres proceder. Ahora tienes la oportunidad no solo de reconocer tu pasado, también de salir de él hacia el presente para poder tener una respuesta adulta y con límites.

Recuerda, los patrones ocurren cuando vives de forma inconsciente, por lo que al salir del piloto automático y permitirte conectarte con el presente en lugar de comportarte como si estuvieras en el pasado, interrumpes esos patrones y comienzas a cambiar y despertar. Al hacerlo, se rompen viejos patrones y se actualiza tu sistema de archivo mental.

Al hacer las preguntas y reconocer que tienes un bagaje que influye en tus respuestas, practicas límites más saludables. Distingues entre tus pensamientos, sentimientos, comportamientos, elecciones, cuerpo y «cosas» frente a los de otra persona y, al hacerlo, también reconoces que otras personas también tienen un bagaje detrás de sus respuestas.

A propósito de ello, también puedes utilizar las preguntas para reconocer y considerar la existencia del bagaje de otras personas. Esto no significa psicoanalizarlos o empatizar demasiado y decidir que, como sabes que han experimentado X, ahora no necesitas ponerles límites. Es reconocer en ese momento en el que no respetan los límites o luchan consigo mismos o algo así, que son *sus* pensamientos, sentimientos, comportamientos y elecciones los que reflejan *sus* hábitos y *su* bagaje. En lugar de centrarte en ti y en lo complaciente que has sido o no, reconoce su bagaje. Humanízalos. Y luego crea un límite más saludable. Al reconocer mi bagaje y el de mi suegra, dejé de tomármelo de manera tan personal y ahora estamos mucho mejor y con límites bien establecidos.

Cuanto más reflejan tus límites el presente real, más seguro empiezas a sentirte, más se calman tus respuestas emocionales habituales y empiezas a sentirte como alguien en quien puedes confiar, y puedes sentir más tus límites y respetarlos.

Imagínate conservar todo lo que hemos tenido desde que nacimos, incluido el embalaje y cualquier residuo. Sería un desastre abrumador. Incluso si creemos que hemos tenido muy poco o que no somos grandes consumidores, hemos dejado de lado cosas que ya no nos sirven porque las superamos o porque encontramos algo que haga mejor su trabajo o más rápido. Nuestros gustos, necesidades y anhelos han cambiado a lo largo de los años, y lo que tenemos (o ya no tenemos) refleja quiénes hemos sido, quiénes creemos que somos y quiénes nos gustaría ser. Es por eso que muchos tenemos ropa que esperamos que nos quede bien cuando perdamos algunos kilos, artículos para mejorar el hogar que acumulan polvo o equipos de ejercicio que planeamos usar, pero no usamos. Es por eso que tenemos cosas que tal vez no tengan sentido para otra persona, pero a las que nos aferramos por su valor sentimental.

A pesar de ser cada vez más conscientes del impacto de nuestros niveles épicos de consumo en nuestro bienestar, nuestros hogares, otros seres humanos y el planeta, y también de nuestra necesidad de ser consumidores más conscientes, no hemos recibido el memorándum ni lo hemos aplicado a nuestro bagaje emocional. Este residuo emocional creado por viejas historias, juicios, hábitos, malentendidos y sentimientos de eventos pasados impacta en cómo nos presentamos hoy.

Una vez que consideramos como algo erróneo tener hijos de una relación anterior, estar divorciado o no tener una «buena» infancia o un historial de «buenas» relaciones, el bagaje emocional es el gran nivelador que, sin importar lo que pensemos que nos hace tan diferentes o mejores o peores, todos tenemos. Nadie está exento.

Gracias a haber sido criados durante la Era de la Obediencia y a la previa falta de conciencia de la sociedad sobre cómo nuestras respuestas a nuestras experiencias, hábitos y traumas pueden tener un impacto permanente en nuestro bienestar emocional, mental, físico y espiritual, no nos enseñaron cómo gestionar nuestro bagaje emocional. Como resultado, la mayoría de los humanos continúan como si pudieran acumular y acumular sin tener que lidiar con ello, a menudo temiendo lo que hay debajo. Y esto es comprensible dado que se nos ha enseñado de forma sistemática a desconfiar de nuestros sentimientos y seguir adelante en la búsqueda de la aceptación y el éxito.

Pero tenemos un espacio limitado, y el mismo lugar donde almacenamos la alegría, los deseos y lo que consideramos cosas buenas de la vida es donde también almacenamos el pasado. No hay sótano, ático o espacio libre en nuestros cuerpos para llenarlo de nuestras experiencias abandonadas, ignoradas y enterradas; todo está en la misma «habitación». Entonces, cuando pensamos que nos estamos evitando a nosotros y esquivando conflictos, críticas, estrés, rechazo, desilusión y pérdida, estamos agregando más bagaje al botín que no ha sido procesado.

Nuestros cuerpos no están diseñados para acumular emociones no procesadas y narrativas poco fiables que nos hacen mentirnos y descuidarnos. Tenemos un límite de «espacio». No existe un disco duro externo para descargar aquello con lo que no queremos lidiar de forma interna. Si pensamos que nuestra capacidad total de almacenaje es cien, y que todo va al mismo lugar, arrastrar nuestros agravios y culpas acumulados es como tratar de estar operativos cargando el cien por cien, o incluso el mil por ciento. Nada funciona de manera eficaz cuando está sobrecargado, ni siquiera nosotros, los humanos, que nos comportamos como si fuéramos máquinas. Y por eso tenemos que sacar, ordenar, procesar y reordenar permitiéndonos evolucionar con límites más saludables que nos ayuden a sanar, crecer y aprender; de lo contrario, nuestro bagaje emocional se manifiesta en nuestra salud, así como en nuestras actitudes, pensamientos, comportamientos y elecciones. Cuando llegamos al límite y los desafíos nos activan (algo que abordaremos en el paso final, «Aprende de las explosiones y desafíos») se aclaran y limpian muchas cosas. Por eso los cambios en las etapas de la vida (como la paternidad, la menopausia y los cambios de carrera, junto con las crisis, el agotamiento, las rupturas, los despidos, los duelos y otras pérdidas) pueden ser tan desencadenantes, pero también, si lo permitimos, liberadores.

Si quieres conocerte, gustarte y confiar en ti, disfrutar de relaciones más sanas y mutuamente satisfactorias y abrirte a vivir más cosas y experiencias que reflejen quién eres de verdad, debes dejar algunas cosas. No puedes llevarlo todo contigo, por mucho que lo hayas intentado, y ser complaciente te está diciendo que estás lleno.

No es necesario que te deshagas de todo tu bagaje emocional. Eso no es posible, sobre todo porque todos seguimos cargando con experiencias y sentimientos. Es una señal de que estamos aquí. Dicho esto, no tendrás que acumular ni almacenar al nivel en el que estás y has estado si reduces el esfuerzo por ser complaciente. Tendrás espacio para afrontar los desafíos de la vida sin sentir que cada cosa que se presente te haga tambalear en el borde y/o caer en espiral.

Cada vez que preguntas «¿cuál es el bagaje detrás de esto?» y te permites evolucionar tus límites, aunque sea un poco, estás sanando tu bagaje emocional y pasando de la respuesta pasiva de complaciente a una respuesta más asertiva y activa. Esto cambia tu energía y bienestar y la dinámica de tus relaciones interpersonales, incluso si algunas de estas personas viven en el pasado.

Sí, la terapia, el ejercicio, el yoga, llevar un diario, la meditación y darse un capricho (ya entiendes, lo esencial) son útiles, pero si no aprendes a empezar a decir *no* y te permites crear límites más saludables, entonces estás cortando la maleza sin arrancar la raíz.

Nuestras relaciones nos ayudan a sanar, crecer y aprender

En lugar de afrontar nuestro bagaje emocional para no quedar engullidos en él, lo evitamos y construimos muros en vez de límites. Ser complaciente es un muro que erigimos, es nuestra cautela a la hora de exponernos a la posibilidad de ser heridos como antes. Es una defensa contra el pasado que dice: «No confío en mí, pero tampoco en que no me lastimes, así que déjame complacerte con la esperanza de que no lo hagas».

Creemos que estamos poniendo límites cuando le decimos a la gente qué hacer o les advertimos sobre cómo otras personas nos han lastimado. Pero, lo que en verdad estamos diciendo es que «todavía estoy herido y enojado, así que, si te lo advierto y te complazco, tal vez lo pienses dos veces antes de decepcionarme». Creemos que amamos a las personas al tratar de complacerlas todo el tiempo o evitar conflictos. Lo que estamos diciendo es: «Me han herido, así que te complazco haciéndome daño para que no tengas ningún motivo para rechazarme o decepcionarme».

Seguimos tratando de corregir los errores del pasado desempeñando roles con la esperanza de que las personas finalmente descubran lo que se supone que deben ser y hacer para que, en lugar de que seamos nosotros los que cumplamos con sus expectativas y nos sintamos una mierda y defraudados, ellas cumplan con las nuestras. La idea es que si podemos hacer que las cosas sucedan de la manera que creemos que deberían suceder, obtendremos la atención, el afecto, la aprobación, el amor y la validación que hemos buscado, pero no hemos recibido. Así que seguimos preparándonos para una caída con nuestra fantasía descabellada al cubrir nuestras apuestas de ser felices a través de ser complacientes, todo mientras acumulamos el bagaje.

Nuestras experiencias están aquí para ayudarnos a sacar, ordenar y recuperarnos. ¿Ves todas estas diferentes experiencias (las grandes, las buenas y las no tan buenas) por las que has pasado en la edad adulta? Todas tienen el propósito de intentar que confrontes tu bagaje emocional. En particular, tus relaciones interpersonales te presionarán debido a cualquier hábito de relación que hayas aprendido en la infancia, incluidas las identidades que asumiste con los roles y cómo creas o no límites. Harán que aflore el bagaje emocional y revelarán el viejo dolor, el miedo y la culpa que todavía albergas. Esto no se debe a que «no seas lo suficientemente bueno», sino a que te invitan a ver lo que antes no podías ver y a dejar de usar tu hábito inadaptado de complaciente.

Tu complaciente te muestra lo que espera ser resuelto y sanado para que puedas obtener paz emocional. La forma en que te has visto a ti y cómo funciona el mundo representa viejos malentendidos a los que has respondido siendo complaciente. Cada vez que te has topado con lo inevitable de la vida, no es porque el mundo esté tratando de castigarte o hacerte parecer estúpido: está intentando que digas *no*. Consiste en intentar que tengas límites para que tus respuestas evolucionen y reflejen quién eres en el presente, la persona en la que quieres convertirte y los tipos de relaciones y experiencias que quieres tener. Al cambiar tus respuestas y dejar de desempeñar el rol de niño, no puedes tener la actitud codependiente de complaciente porque conoces tu responsabilidad y reconoces dónde terminas tú y empiezan los demás.

Ya superaste tus antiguas identidades. Ser complaciente ya no te conviene. Los límites más saludables funcionan mejor para ti.

Reconoce tu bagaje por tu estilo de complaciente

Buenos, ¿quién o qué os enseñó que mantener las apariencias y ser bueno garantizaría que obtendríais lo que queríais o que no os pasaría nada malo?

Esforzados, ¿de quién todavía anheláis atención, afecto, aprobación, amor y validación?

Evasivos, ¿quién o qué os enseñó a ser la persona que no le pone las cosas más difíciles a nadie?

Salvadores, ¿a quién no pudisteis salvar o ayudar, o a quién intentáis ayudar y salvar?

Sufridos, ¿a quién estáis encubriendo o quiénes queréis que noten y reconozcan vuestro dolor?

> ¿Así quieres sentirte o ser?
>
> ¿Qué puedes ver ahora que no podías ver antes?

Cómo mantenerte en tu camino y limpiar tu parcela

Con demasiada frecuencia, las cosas que no nos gustan de los demás, que queremos cambiar o sobre las que queremos tener algún nivel de control, apuntan de forma directa a algo que nosotros mismos estamos haciendo o no haciendo. Nos molesta, por ejemplo, que otra persona sea ambigua, y por eso decidimos ponerle un límite a no ser ambiguo sin reconocer nuestra propia ambigüedad.

Para que los límites te respeten a ti y a los demás, deben ser mutuos. Cuando sabes (o crees que sabes) cuál es el límite para los demás, necesitas reflejarlo en tus pensamientos, comportamientos y elecciones. Esto significa que, si bien es posible que tengas que decirle o mostrarle algo a la persona en cuestión, también debes abordar el límite por tu parte, incluso si no cambia su comportamiento de la manera que te gustaría.

Si no reconoces tu parte en la situación, por pequeña que la percibas, y no pones nada de tu lado, no solo permaneces abierto a experimentar los problemas nuevamente de manera similar (así es la vida que te da la oportunidad de abordar ese molesto bagaje emocional ¡otra vez!), sino que tampoco reconocerás el conocimiento que puedes obtener. Ajustar y evolucionar tus límites para que no sean los mismos que en el pasado no solo enriquecerá tu comprensión de ti y de tus experiencias, también te hará sentir empoderado para poner un límite más saludable que seguirá evolucionando con el tiempo.

Reconocer tu parte no va de asumir la culpa y apropiarte de lo que sea que no te gusta de la situación y lo que hace la otra persona; significa admitir que de verdad puedes conocer, controlar y modificar solo el alcance de tus propias respuestas. Esa parte, dicho sea de paso, podría significar reconocer lo que te has dicho a ti o sobre ti en respuesta a las acciones de la otra persona. Sí, son un dolor de cabeza, te hicieron mal, pero si dices todo tipo de mierda sobre ti y arrastras una narrativa dolorosa, eso es culpa tuya. Intentar lograr que otras personas cambien para que tú puedas sentirte mejor acerca de cómo estás respondiendo tiene un efecto limitado si no distingues tu bagaje y tus límites de los de ellos.

Puedes elegir cómo quieres comportarte y cómo quieres responder a los sentimientos, pensamientos, tus propias acciones y las de los demás y a los acontecimientos, pero lo que no puedes elegir ni controlar es lo que los demás piensan, sienten o hacen. Tienes que cuidar tu parcela y tienes que ser lo que buscas de los demás. Esto evita que te victimices al seguir manteniéndote como rehén de una situación que no te gusta.

Cuando no dices *no* a lo que no funciona, restringes tus opciones a lo siguiente:

- Sufrir en silencio y/o ser complaciente en un esfuerzo por mantener la paz o limitar futuros encuentros.
- Pelear sobre quién tiene razón y quién no, tratar de ser el ganador o cobrar tu venganza.
- Cortar el vínculo para evitar tener límites, intentar castigar o luchar por el control.

Cuando limpias tu parcela sin importar lo que haga la otra persona, tus opciones cambian a estas:

- Interactuar desde un lugar más delimitado y/o limitar la cantidad de tiempo que pasas con las personas (poniendo un poco de distancia entre ellas y tú, pero sin optar por no participar).
- Participar desde un lugar más limitado al optar por no hacerlo de forma temporal.
- Participar desde un lugar más limitado al optar por no hacerlo de forma permanente.

Todas estas opciones tienen más límites y una intención clara. Un error que muchos cometen al establecer límites es verlos solo como un medio para guiar y dirigir, incluso gobernar a los demás, pero los límites son para ti. Otros conocen la línea cuando tú la conoces. Si una persona no tiene límites, tu comportamiento como si eso fuera «normal» viola tus límites y te irrita. Necesitas hacer evolucionar tus límites para reconocer la diferencia entre alguien con límites y alguien sin ellos, para que puedas cuidarte, pero también para que los límites permitan que se produzcan las consecuencias naturales.

Tus límites no dependen de si los demás tienen límites, pero también consiste en no agotarte haciendo por los demás lo que no estás dispuesto a darte a ti. Podrías considerarte muy compasivo, empático, tolerante, concienzudo y generoso (los complacientes a menudo lo son, hasta el extremo), pero si te niegas la compasión, la empatía, la tolerancia, la consideración y la gracia, entonces en realidad no lo eres, solo lo haces por los demás; estás desviándote del camino. La compasión, la empatía y cosas similares solo funcionan si van en ambas direcciones, al igual que los límites.

Bueno, ¿dónde necesitas hacer coincidir tus acciones con tus palabras e intenciones en lugar de concentrarte en crear una imagen?

Esforzado, ¿qué estás tratando de demostrar o hacer que otros reconozcan, y qué esfuerzos y logros necesitas reconocer e interiorizar?

Evasivo, ¿dónde sigues remitiendo a los demás y cómo puedes usar esto para expresar una preferencia?

Salvador, ¿dónde puedes tomar la energía que estás poniendo en otra persona y dirigirla hacia ti?

Sufrido, ¿cómo puedes darte a ti lo mismo que intentas obtener de los demás?

Adopta límites saludables

- El miedo a tener límites es un problema al establecerlos y al respetar los de otras personas. No puedes tener miedo a los límites y, al mismo tiempo, afirmar que respetas los de los demás. Es excluyente.

- Obtener un *no* no es una forma de ser castigado o de que se prolongue el sufrimiento; es simplemente *no*. Reconocer cuándo te sientes incómodo con el *no* y los límites te conecta con el bagaje detrás de tu respuesta para que puedas elegir de forma consciente una respuesta diferente y limitada.

- Podemos cambiar nuestras narrativas. No tenemos que aceptar el primer borrador que hicimos en el momento del suceso original. Reconocer los viejos malentendidos en tu bagaje emocional no es una oportunidad para castigarte por estar «equivocado». No puedes saber lo que sabes que no sabes. A veces, cuando tenemos asociaciones negativas con estar equivocado, evitamos actualizar la narrativa porque eso nos hará equivocarnos. Claro, has entendido mal algunas cosas, pero aceptarlo te permite tomar las decisiones correctas para tu vida y que reflejan una versión más honesta de los acontecimientos.

- Todo el mundo tiene un bagaje, por lo que al aprender a reconocer el tuyo, podrás reconocer dónde aparece el bagaje de otras personas en diversas situaciones, en lugar de hacerte cargo de su respuesta.

> Si hay una persona con quien tienes las mismas discusiones o saca a relucir las mismas acusaciones y suposiciones sobre ti, en vez de rumiarlo e interiorizarlo, contrólate y di: *eso no es asunto mío; es de esa persona.* Sigue haciendo eso y notarás cómo te recuperas antes de verte arrastrado a un drama innecesario.

Solución de problemas «no»

Realmente estoy muy preocupado por mis respuestas cuando algo o alguien me provoca, pero también me resulta demasiado aterrador e inquietante intentar conectarme con el bagaje que hay detrás. ¿Qué puedo hacer?

Ve con un terapeuta consciente del trauma que trabaje, por ejemplo, con psicoterapia, EMDR (desensibilización y reprocesamiento por movimientos oculares) o formas de terapia alternativa, de modo que tengas a alguien sentado a tu lado mientras abordas con delicadeza lo que surge, pero también para que puedas calmar tu sistema nervioso y ponerte en la posición de poder tomar medidas adicionales para cuidar de ti. Recuerda, los límites son tus necesidades, expectativas, deseos, sentimientos y opiniones, por lo que, al permitirte acceder al apoyo, estás diciendo *no* a seguir como estás y *sí* a sanar y romper el ciclo.

Las personas que son conscientes de lo que he pasado no son suficientemente sensibles y parece que no entienden por qué algunos de sus límites me resultan difíciles. ¿Qué puedo decirles?

Que tengan límites no siempre equivale a ser insensibles. Tienes que andar con cuidado al esperar que las personas ajusten sus límites para acomodar tu malestar (por ejemplo, esperar que las personas sepan y sientan de forma automática que eres pasivo para que tomen la iniciativa y no te pidan demasiado). Tu expectativa podría significar que necesitas que ellos tengan límites poco saludables al asumir tu responsabilidad. Algo que no tenemos en cuenta cuando esperamos que los demás sigan haciendo concesiones es que todos tenemos un bagaje emocional y algo de lo que esperamos puede ser muy desencadenante para ellos o reflejar un rol poco saludable en el que terminarán sintiéndose culpables e intentarán hacerlo para apaciguarnos.

Siento que siempre soy yo quien hace el esfuerzo, incluso con límites. ¿No se supone que las relaciones son cincuenta y cincuenta?

Las relaciones son al cien por cien, no al 50 por ciento. Somos humanos que oscilamos entre exagerarnos y subestimarnos, y no hay forma de saber cuál es nuestra «parte» o cómo es el 50 por ciento. Tampoco podemos borrar la mitad de nosotros y esperar que la otra persona llene los espacios en blanco. Así que tenemos que hacer nuestro mejor esfuerzo para ser más quienes realmente somos y, luego, tener una idea de si estamos en una relación mutuamente satisfactoria. Cuando nos concentramos en nuestra parte, en llevar la puntuación y en lo que sentimos que la otra persona está haciendo o no, vamos a compensar en exceso lo que sentimos que no están haciendo, pero también a tratar de crear un punto de inflexión en el que esperamos que lo hagan.

Está bien, puedo ver que tengo mi bagaje, pero la gente ¿no debería saber que lo que está haciendo está mal?

No vivimos en un mundo que nos haya alentado a tener límites saludables de manera histórica. A veces ni siquiera te has dado cuenta de que alguien está haciendo algo mal. Algunas personas no lo saben porque es su hábito y han experimentado consecuencias limitadas, y otras sí lo saben y quieren ver con qué pueden salirse con la suya. Incluso si la persona lo sabe, ¿no significa eso que nosotros también debemos saberlo? Cuando esperamos que las personas lean la mente o utilicen nuestro buen comportamiento para cambiar el suyo, estamos teniendo una respuesta pasiva en lugar de activa porque estamos evitando la vulnerabilidad y la responsabilidad.

¿Cómo puedo tener límites con las personas que tienen el mismo bagaje que yo pero que no se ocupan de sus cosas?

Incluso si son gemelos y pasaron todo el tiempo juntos, tú experimentaste cosas de forma individual por lo que no puedes hablar por todo el bagaje de la otra persona ni decidir qué debería o no debería hacer. Los límites no dependen de si otras personas pueden manejarlos. Incluso cuando alguien tiene un bagaje y respuestas similares, debes tener cuidado de proyectar tus sentimientos y tus experiencias en ellos y estar abierto a reconocer de dónde vienen, lo que también se conoce como empatía.

¿Cómo empiezo a tener más límites con mi familia (u otras relaciones duraderas) cuando ellos esperan que yo sea de cierta manera?

Los límites de cada persona son diferentes y cada uno es responsable de que los demás sepan cuál es nuestra posición y cuál es su posición con respecto a nosotros (y sí, eso incluye a la familia). Debido a la larga historia, es crucial asumir la responsabilidad de cómo quieres verte ahora y en el futuro porque el concepto de familia depende en gran medida del hábito y la aceptación. Si no quieres que piensen que tus experiencias pasadas o aceptaciones se aplican todavía, debes poner más límites para tener una diferenciación clara entre el pasado y el presente. Si sigues actuando como siempre lo has hecho, incluso si por dentro estás a punto de explotar, tus límites no estarán claros. Además, aunque hayas dicho *sí* mil veces a algo que no funciona, puedes cambiar de opinión y empezar a decir *no*. Nadie tiene derecho a un *sí* dañino.

Soy muy cercano a una persona. Los límites y el decir *no* ¿no van a arruinar la relación con esa persona?

Si no dices *no*, si no eres verdaderamente honesto acerca de quién eres y no expresas tus sentimientos y pensamientos más íntimos, no eres tan cercano como crees. Sin límites, no hay intimidad. Este es un buen momento para comprobar tus asociaciones con la honestidad. ¿Cuál es el bagaje detrás de por qué crees que una mayor autenticidad causará un problema? Eres cercano e íntimo solo cuando estás dispuesto a decir y hacer cosas que conllevan la posibilidad de conflicto y luego superarlo

10

Reparentalízate

Ese día de agosto de 2005, cuando decidí explorar otras opciones después de mi diagnóstico que me dejó en shock, salí del hospital sin un plan. Mientras tomaba el metro camino al trabajo, recordé a una amiga que me había mencionado cómo uno de sus cuarenta primos (una gran familia irlandesa) había pasado por un momento terrible debido a una enfermedad misteriosa que desconcertaba a los médicos. Finalmente obtuvieron respuestas y recuperaron su salud después de visitar a una kinesióloga, una terapeuta que utiliza pruebas musculares y otras técnicas para identificar los desequilibrios del cuerpo y ayudarlo a recuperar la salud. Menos de una semana después, estaba sentada en una consulta embarcándome en una conversación que cambiaría mi vida.

En mi mente, el plan era que ella identificaría mis alergias e intolerancias alimentarias (lo hizo) y yo me iría. Pero Sonia preguntó sobre algo más que mi historial médico e hizo más que pruebas musculares para revisar las fuentes de estrés en mi cuerpo. Me sentí incómoda. No en el sentido de que estuviera violando mis límites, sino porque sentía que estaba a punto de preguntarme sobre cosas que yo evito. Sentí la necesidad de salir corriendo. «Yo, eh, acabo de recordar que tengo que volver para una, eh, reunión con un cliente», balbuceé, incapaz de mirarla a los ojos con mi descarada mentira. «Está bien», dijo. Y luego recordé que no quería morir a los cuarenta, así que la dejé seguir adelante.

Las tensiones que ella identificó en periodos específicos de mi infancia representaban acontecimientos dolorosos de la vida que yo había apartado. Entre ellos, mi madre dio a luz a mi hermano pequeño cuando yo tenía doce años y volvió a casa y me cortó el pelo porque decía que se estaba rompiendo, alegando que no lo había cuidado de forma adecuada en sus pocos días de ausencia. Yo, de cinco años, en un hospital infantil durante seis semanas después de un injerto de piel para eliminar una marca de nacimiento potencialmente cancerosa, mi padre visitándome solo una vez y yo amenazando con tirarme por la ventana después de que él se fuera y tener que ser sedada.

—¿Cómo te sientes con todo esto? —preguntó suavemente.

—Bien —dije con voz cantarina.

—¿De veras? —preguntó.

Y luego me derrumbé. Minutos después, Sonia hizo la pregunta que cambió mi vida, que me impulsó a querer cambiar mi vida y, posteriormente, aprender a decir *no*: «¿Crees que es justo culpar a una niña de dos años y medio por la ruptura de sus padres o su comportamiento posterior? No lo hice, pero en ese momento me di cuenta de que todo lo que hacía era esencialmente culpar a mi yo más joven, a la Nat pequeña.

> Reconocer el bagaje detrás de tus respuestas te permite reconocer a tu niño interior y aceptar las experiencias que te causaron dolor.

No sé qué ha pasado en tu vida, pero sé que tiene sus cosas. Y aunque tal vez te hayas centrado en hechos más recientes o en todas las veces que crees que tu yo adulto «debería» haber sido sensato, lo que has estado haciendo al ser complaciente es expresar enojo hacia tu yo más joven y, al mismo tiempo, tratar de protegerlo de ser lastimado como antes.

Creemos que dejamos atrás a nuestro yo más joven en la infancia, pero todavía está con nosotros.

Imagínate como una de esas matrioskas, las muñecas rusas que se guardan una dentro de la otra. En tu interior hay una versión de ti para cada edad, cada momento en el que has estado. Cuando estás desconectado de ti (porque lo que haces por fuera está en desacuerdo con quién eres por dentro, lo que refuerza el estrés) esas versiones más jóvenes están inquietas y temerosas. A medida que tus pensamientos, comportamientos, elecciones y sentimientos reflejan el pasado, esas versiones más jóvenes de ti piensan que todavía están en el pasado. Recuerda, tu subconsciente no sabe medir el tiempo, y si tus límites adultos tampoco, entonces, en lo que respecta a tu cuerpo, todavía te encuentras en situaciones amenazantes.

En un mundo ideal, nuestros padres y cuidadores nos cuidarían, amarían y apoyarían para que fuéramos adultos plenamente realizados. Darían un paso atrás con gracia, pero también sabrían cuándo intervenir. Sería fluido y no habría conflictos, críticas, estrés, desilusión, pérdida o rechazo. Pero todos sabemos que el mundo no funciona así. Tu yo pequeño está pidiendo a gritos consuelo, apoyo, que se satisfagan sus necesidades, paz emocional. Lo que necesitas es lo que necesitaba tu yo más joven, por lo que tienes que repararte.

El mayor obstáculo para crear límites saludables y romper el ciclo, ya sea de forma consciente o no, es seguir pensando, sintiendo y actuando desde un rol infantil en nuestras relaciones interpersonales.

> Reparentalizarte trata de conectar con los aspectos más jóvenes de ti que te impulsan a ser complaciente para que por fin puedas darte lo que necesitas, llenar el vacío y dejar de intentar corregir los errores del pasado. Se trata de recuperar la

> capacidad de expresarte tus sentimientos entablando una relación más compasiva, honesta y presente contigo.

Nuestros patrones de complaciente tratan de satisfacer necesidades insatisfechas del pasado y llenar vacíos, pero esto nos impide crecer porque estamos desempeñando roles para cumplir la fantasía infantil de por fin recibir la atención, el afecto, la aprobación, el amor y la validación que buscamos.

En lugar de esperar que un padre o cuidador (o alguien más importante que haya impactado en tu infancia) cambie para que por fin puedas corregir los errores del pasado, puedes concentrarte en asumir las principales responsabilidades de ser padre y criarte.

Aunque la idea de reparentalizarte puede parecer una perspectiva desalentadora, seamos realistas: ya te has criado, solo que con límites dudosos, autocrítica y retenciones. No lo estabas haciendo de forma consciente como una extensión de tener límites más saludables y permitirte decir *no*.

Cuando te convertiste en adulto, te convertiste en tu cuidador principal. Eso *no* significa que tus padres y cuidadores dejen de existir literal o figurativamente y que no necesites a nadie, sino que fue necesario que se produjera una transición de poder que te permitió tener capacidad de acción para descubrir quién eres, para que puedas ser tú mismo.

Si aceptas que eres tu cuidador principal y te autorizas a decir *no*, entonces ya no es posible desempeñar el rol de niño porque estás reconociendo que eres un adulto y que eso debe reflejar tus pensamientos, acciones y opciones y, a su vez, cambiar tus sentimientos.

Pero como tu niño interior, tu yo más joven, está dentro de ti, también debes cuidarlo, para que deje de apoderarse de tu vida de manera poco saludable, tratando de obligarte a arreglar el pasado. Al nutrir estas partes de ti (tus muñecas rusas), tu yo más joven comenzará a calmarse y te sentirás más seguro y protegido.

La crianza de los hijos es ser o actuar como madre o padre de alguien, y no es necesario ser su padre biológico para hacerlo. Hay personas en tu vida que fueron y son figuras parentales, pero no necesariamente fueron tus padres, y tú puedes serlo contigo ahora y en el futuro. Así como tus padres no nacieron padres, tú tampoco lo hiciste, lo que significa que tienes que aprender sobre la marcha asumiendo el desafío de actualizar tu relación contigo mismo.

Ya no eres ese niño, así que ya no tienes que sentirte impotente o indefenso ni apegarte a reglas y obligaciones obsoletas y falsas. Esto significa que te permites tener límites que no creías que te permitieran tener en el pasado, con los que pensabas que la gente estaría en desacuerdo. Ahora que estás reparentalizándote, no tienes que hacer lo mismo y puedes elegir una forma diferente. Volverte a criar es autocuidado porque te da la posibilidad de acceder a relaciones, cosas, recursos, actividades, hábitos y oportunidades que te permiten satisfacer necesidades de manera saludable y convertirte en quien realmente eres, en lugar de privarte o calmarte de manera poco saludable.

Sé consciente de cuándo aparece tu niño interior

Al preguntar «¿cuál es el bagaje detrás de esto?» has dado tus primeros pasos para reconocer, aceptar y cuidar a tu niño interior. Siempre que desempeñas roles y evitas decir *no*, estás desempeñando un rol de niño; es decir, tu niño interior está presente de alguna manera. Sabrás que así es porque tú estarás...

- Sintiendo, pensando y actuando de manera similar a una versión mucho más joven de ti.
- Siendo complaciente, en piloto automático, obediente y siguiendo las reglas incluso cuando no tengan sentido o te comprometan o te hagan daño.
- Experimentando sentimientos de complaciente (ansiedad, resentimiento, culpa, agobio) después de evitar el *no*.
- Usando hábitos de razonamiento (creencias) que reflejen narrativas y perspectivas infantiles que no has cuestionado ni actualizado.
- Sintiéndote inexplicablemente inseguro, asustado y ansioso por meterte en problemas, ser ignorado, hacer algo incorrecto, hacerte daño o ser abandonado o rechazado.
- Haciendo lo mismo y esperando resultados diferentes o tratando de ser la excepción a las reglas de conducta de otras personas.
- Siendo pasivo-agresivo, enmascarando sentimientos de frustración y resentimiento de conformidad exterior, o aparentando estar bien mientras insinúas tus verdaderos sentimientos con un comportamiento obstruccionista y resistente, incluso si es sutil.
- Actuando mal porque tu ego se ha apoderado de ti, por lo que estás intentando llamar la atención, comparar, intentar ganar, tener razón o tener el poder; o estás tratando de vengarte de alguien, aunque sea de forma indirecta.

Procura reducir el ritmo y hacer una pausa, y luego pregúntate: ¿qué necesito? ¿Qué estoy sintiendo? ¿Cómo puedo apoyarme?

Reparentalízate según tu estilo de complaciente

Los **buenos** tal vez necesitan no tener que seguir reglas o centrarse tan rígidamente en la apariencia.

Los **esforzados** tal vez necesitan no tener que mantener el ritmo, actuar o demostrar.

Los **evasivos** tal vez necesitan que les permitan hacer preguntas y sentir curiosidad.

Los **salvadores** tal vez necesitan que les permitan pedir ayuda y renunciar a su responsabilidad.

Los **sufridos** tal vez necesitan saber que alguien (tú) se preocupa y está escuchando.

Nuestros niños interiores, dado que representan a nuestro yo más joven, también representan a nuestro yo más creativo y juguetón. ¿Qué puedes hacer que te permita aprovechar esto? Cada vez que haces evolucionar tus límites, aunque sea un poco, y diferencias entre el pasado y el presente, es una oportunidad para cuidar y mejorar a tu yo más joven.

Reconoce tu rol y estilo de crianza actual y adáptalos para reflejar unos límites más saludables. Ya empezaste a tener una idea de los roles que desempeñas en tus relaciones interpersonales, incluido tu estilo de complaciente. ¿Cómo se manifiestan estos en la forma en que te has criado hasta ahora? Por ejemplo, el bueno podría centrarse en una crianza que enfatice la obediencia, ser bueno y mantener las apariencias; el esforzado podría ser un entrenador; el evasivo y el sufrido pueden ser cautelosos, punitivos o vergonzosos; y el salvador podría inculcar el sentimiento de culpa.

Una manera fácil de reconocer tu estilo de crianza es considerar cómo fuiste criado y dónde, a su vez, tomaste de forma efectiva el relevo y adoptaste y continuaste ese estilo como tu propia narrativa. Ahora tienes la oportunidad de considerar el tipo de padre que quieres ser.

Aunque es posible que no te guste mucho el estilo de tus padres o cuidadores, ten cuidado de no caer en los extremos. A veces, en nuestros esfuerzos por distanciarnos totalmente de nuestros padres y cuidadores, terminamos sintiéndonos en conflicto acerca de tener límites o castigándonos si tenemos el más mínimo indicio de similitud.

Aquí hay algunas preguntas que te ayudarán a explorar tu estilo de crianza en tu diario:

- ¿Qué tipo de padre vas a ser?
- ¿Qué valores enseñarás?
- ¿Cómo darás ejemplo a tu yo más joven?
- ¿Cómo lidiarás con las «rabietas» y los malos comportamientos?
- ¿Cómo consolarás y tranquilizarás a tu niño interior?
- ¿Cómo les ayudarás a aprender y cómo manejarás los errores?
- ¿Cómo vas a protegerlos sin que ninguno de los dos esté hipervigilante?
- ¿Cómo puedes darle a tu niño interior libertad para explorar y expresarse?
- ¿Cómo puedes brindarles a ambos un buen nivel de vida, sin que eso suponga tener que apañárselas ni centrarse exclusivamente en los bienes materiales?
- Cuando hayas reconocido que no te has estado cuidando, ¿qué puedes empezar a hacer? ¿Cuál es el siguiente pequeño paso?

Distingue entre tu crítico interior y tu voz interior. Cada uno tiene un crítico interior, la charla negativa que escuchamos casi como una persona dentro de nosotros y que interpretamos como una retroalimentación de que estamos siendo o haciendo algo mal (o de lo que seremos culpables si no le prestamos atención). Es completamente diferente de nuestra voz interior, que es tranquila, respetuosa y preocupada únicamente por el presente.

Tu crítico interior dirá lo necesario para evitar que salgas de tu zona de confort. Te recuerda (y exagera) los errores del pasado, para que no corras el riesgo de volver a cometerlos y, en última instancia, quiere controlar lo incontrolable porque es como si necesitara saber qué sucederá en 2099 para que él (y tú) pueda sentirse seguro. Tu crítico interior cree que está siendo útil y te mantiene en el buen camino, pero piensa en esta charla como una pista de acompañamiento que contiene voces grabadas de experiencias previas en las que has interiorizado comentarios, incluidas críticas, reglas y obligaciones. Esta pista de acompañamiento se reproduce detrás de escena como una radio con música baja o de ascensor, y luego el volumen aumenta cuando pones incluso el dedo meñique del pie fuera de tu zona de confort.

Sin darte cuenta, has confundido a tu crítico interior con tu voz interior y has dejado que sea tu jefe, de ahí que seas tan hábil chantajeándote de forma emocional para evitar límites saludables con tu complaciente. Como todo lo que has arrastrado, tu crítico interior es un hábito. Se reproduce de forma automática y se vuelve más fuerte en contextos en los que ya está acostumbrado a sonar (donde tienes miedo o eres crítico). No es que tu crítico interior tenga «razón» o que esté relacionado con lo que está sucediendo en ese momento (recuerda, tu subconsciente no se basa en el presente y la amígdala que maneja el miedo puede ser un poco exagerada a veces), solo lanza lo que ya ha demostrado ser eficaz. Por eso, aunque seas un adulto, estás sacando a relucir viejas tonterías sobre aquella vez en la que te avergonzaste en el patio de recreo o aprovechando el miedo a tus padres para impedirte hablar en el trabajo.

Tu voz interior no es repetitiva, negativa, chantajista, ni suena como alguien significativo del pasado, ya sea por el tono o por lo que repite. Es neutral. No siempre te dirá lo que quieres oír, pero siempre te respaldará sin que le dé vergüenza darte unas cuantas patadas en el trasero para que cumplas.

Pero podría ser muchísimo más silenciosa que tu crítico interior porque normalmente no te escuchas a ti, y el complaciente es como tener a tu crítico interior en el asiento del conductor.

También es crucial reconocer dónde usas a tu crítico interior como sustituto de tus padres, y reclamar tus derechos de paternidad. Al tener un rol más activo y una respuesta activa, calmarás a tu crítico interior. No, no podrás hacer que desaparezca, ya que es un dispositivo protector, pero podrás sentarte junto a él y decir: «Hola, viejo amigo. Qué sorpresa que hayas aparecido para joderme cuando me siento bien conmigo mismo». (¿Puedes creer que me haya dicho eso a mí misma?).

Tu crítico interior es el miedo y es muy entusiasta. Siempre sabes que es tu crítico interior, no tu voz interior, porque es un cabrón contradictorio y cambiante. Haces lo que dice, cambia de bando y te ataca por eso. Nunca está satisfecho. Si dejas de intentar complacerlo, te volverás más auténtico porque te permitirás crecer. También descubrirás que tu crítico interior se relaja y deja de ser tan agresivo cuando eres más auténtico porque es más activo cuando no estás integrado con tus límites y valores.

Háblate y considérate de forma más amable. Es hora de darte más gracia y reconocer tu humanidad en lugar de reforzar el miedo de tu niño interior de que todavía estás en el pasado.

¿La forma en que te tratas y te consideras es como te gustaría ser padre de ti mismo o de un niño pequeño? ¿Hablarías o tratarías a un ser querido como lo haces contigo? Si la respuesta es no, y me gustaría pensar que sí, si has llegado tan lejos en el libro, no tienes por qué tratarte y considerarte a ti mismo de la forma en que lo has hecho (como si no importara). Ese pequeño niño sigue vivo dentro de ti. Dependiendo de cómo te trates, podría pensar que todavía está asediado por un acosador o abusador o que a nadie le importa o que alguien que no lo sabe «todo» es su jefe.

> ¿Dónde eres impaciente, intolerante y carente de compasión y empatía contigo de una manera que no lo eres con los demás, y cómo lo superas?

Reparentalizarte implica sentarte contigo mismo y, en lugar de juzgar o apagar a tu niño interior cuando aparece (proviene de un lugar de curiosidad y observación), reconocer por qué se acerca y tranquilizarlo. Cuando te sientes sacudido por dentro, eso es lo que tu yo más joven está buscando: tranquilidad de que no es el pasado y afirmación tuya de que está a salvo contigo y de que te preocupas por su bienestar. Como ya empezaste a reconocer dónde está apareciendo tu bagaje, en lugar de ser impaciente, intolerante o despectivo con tu yo más joven, has comenzado a obtener una idea de lo que está sucediendo.

Cuando hablo con complacientes que también son padres y temen repetir su propia infancia, una y otra vez, los animo a tener un diálogo continuo. Cuando un niño tiene la libertad de hablar contigo sobre las cosas pequeñas, hablará también de cosas más importantes, en especial cuando le permites sentirse seguro o estás dispuesto a corregir el rumbo cuando te das cuenta de que no has ofrecido la respuesta ideal. Pero tener un diálogo continuo también implica notar y sintonizar con los hábitos de tu hijo para que tengas una idea de dónde debes estar más atento o satisfacer una necesidad. Puedes hacer esto por ti también. Mantén un diálogo continuo a medida que avanzas en tu vida. Recuerda, así como tus padres y cuidadores no son infalibles, tú tampoco lo eres, también puedes cometer errores. Claro, no tienes que cometer los mismos errores que tus padres, pero, incluso si lo haces, puedes aprender de ellos porque has adquirido conocimientos que te muestran una ruta diferente.

Tranquilízate sanamente cuando te sientas impulsado a decir no. Tienes medios conscientes e inconscientes para gestionar tus respuestas de pensamiento, sentimiento y acción ante las diversas situaciones en las que te encuentras. Eso es autotranquilizarte, tu capacidad para nutrirte y responder a tus necesidades. Tu colección de hábitos de complaciente ha sido tu forma de aliviar el estrés, la ansiedad, la tristeza, la soledad, la ira, el rechazo y la inseguridad, y de tratar de satisfacer tus diversas necesidades, pero debido a que es una estrategia desadaptativa, se ha vuelto cada vez más ineficaz porque no es una forma saludable y útil de calmarte. Proporciona un alivio temporal, pero en última instancia, crea más problemas de los que resuelve.

A medida que empieces a decir *no* y a establecer más límites, tendrás una idea de cuándo y por qué necesitas consolarte y apoyarte. El objetivo de calmarte no es borrar lo que consideras la fuente del problema o acallar tus sentimientos. Es sentir tus sentimientos y luego responder a ellos con algo que los calme o neutralice de manera saludable para que puedas sentirte mejor dentro de ti o estar preparado para descubrir tus próximos pasos.

Cuando te sientas inquieto al decir *no* (o al considerar hacerlo), conéctate con el presente y tu cuerpo diciendo: «Estoy a salvo, estoy seguro». Sigue repitiéndolo. Le estás dando a tu cuerpo la oportunidad de registrar tu entorno, incluido el año en el que te encuentras, para que deje de confundir lo que está sucediendo con una situación anterior. También descubrí que cuando repito este mantra, no estoy pensando en el *no* ni contando una historia sobre la situación.

Si decir *no* te ha estresado o molestado, ya sea por hacerlo o por la respuesta de la otra persona o por lo que temes que pueda suceder, aquí es donde tener un diálogo contigo puede ser muy reconfortante. Tal como lo harías con un niño, te permites sacarlo todo, así que desahoga la situación (o escríbela en tu diario). Luego, una vez que te hayas escuchado, cambias suavemente a otra perspectiva que reconoce tus sentimientos y lo que has dicho, y te permite ver lo que está pasando o lo que podrías hacer. No tienes que resolver todo hasta el último punto. A las personas nos gusta que nos vean y nos escuchen, y, aunque gastamos gran parte de nuestro ancho de banda buscándolo en los demás, nos olvidamos de dárnoslo a nosotros mismos.

Reparentalizar consiste en darte lo que no recibiste o darte lo que sigues buscando en los demás, no porque no necesites a nadie más, sino porque cuando te tratas y te consideras con amor, cuidado, confianza y respeto, particularmente en momentos en que, en el pasado, habrías hecho lo contrario, no aceptarás menos de los demás. Tú establecerás el estándar.

Observa tus sentimientos en tercera persona

Cuando eres nuevo en expresar y reconocer tus sentimientos, puede parecer bastante desalentador decir, por ejemplo: «Me siento abrumado porque acepté _____ y _____ porque tenía miedo de quedar mal». Puedes practicar dar un paso atrás diciendo, por ejemplo, «[Tu nombre] se siente abrumado porque aceptó _____ y _____». Esto no solo te ayuda a observar, sino que, como estás hablando de tus sentimientos en tercera persona, también puede ayudarte a calmarte y a conectarte con los pies en la tierra (es decir, a tranquilizarte).[1]

Los límites son el perdón

Un cambio fundamental para mí en mi viaje de reparentalización, que también comenzó en la consulta de Sonia, fue reconocer que los padres no son infalibles. Se equivocan, a veces de manera espectacular. Alguna vez fueron niños, y son y fueron personas con mundos interiores e historias de fondo, incluso antes de que fuéramos concebidos. Una crianza y un cuidado inadecuados, cualquiera que sea la forma que adopten, no equivalen a un niño inadecuado.

Nuestros padres y cuidadores también fueron criados en la Era de la Obediencia. Aunque es posible que hubieran querido algo mejor para nosotros o trataran de hacer lo mejor que podían con los medios que tenían (por eso es posible que hayan presionado demasiado, se hayan centrado en las cosas equivocadas o hayan tenido expectativas bajas y limitadas de nosotros), en última instancia, repitieron lo que habían aprendido sin una fracción de la conciencia y los consejos a los que tenemos acceso hoy.

Reconocer la humanidad de nuestros padres y cuidadores no es una salida. No queremos cambiar el enfoque de nuestras experiencias para tratar de encontrar 101 formas de justificar lo que sucedió o no. Negar nuestras experiencias por cómo creemos que hacen quedar a los demás, no querer ser desleales, tratar de demostrar que estamos agradecidos o no querer afrontar la verdad, agrava nuestro dolor y agrega más carga emocional sin procesar.

Adoptar la alegría de decir *no*, de que los límites sean una posibilidad para nosotros, es perdonarnos. Los límites son el perdón porque la evolución de nuestros límites deja de suprimir nuestras necesidades, expectativas, deseos, sentimientos y opiniones, lo que perdona a las versiones más jóvenes de nosotros mismos. El perdón nos concede permiso para crecer.

Pero los seres humanos tenemos una relación complicada con el perdón, entre lo que podemos haber aprendido a través de la religión, los mensajes que recibimos mientras crecíamos y nuestros hábitos de cómo creemos que hemos estado practicando el perdón hasta ahora: «Pide perdón»; «No guardes rencores»; «¡Sigue adelante!». A menudo se considera que el perdón es algo que otorgamos a los demás, y se nos considera duros si no lo hacemos. El complaciente nos convence de que somos muy buenos perdonadores. En realidad, nos apresuramos a dejar que la gente vuelva a la normalidad mientras en privado nos castigamos porque hemos absorbido la culpa y la vergüenza de todo el asunto.

El perdón es una decisión para elegir (y seguir eligiendo) dejar ir el asunto ganando perspectiva, y ganamos perspectiva cuando nos permitimos ser más sinceros acerca de lo que está sucediendo, que son los límites.

Perdonar no significa que estés tolerando las acciones de otra persona. No significa que tengas que volver a confiar en ella o involucrarte en el mismo grado que antes, en especial si se han aprovechado de ti, incluso abusado de ti. Eso no significa que no hayas perdonado; significa que has seguido adelante y has ajustado tus límites en consecuencia. El perdón nunca significa presionar el botón de reinicio, ni obliga a alguien a cambiar.

Las experiencias de la infancia que contribuyeron a tu complaciente no son tu culpa, pero como adulto, su legado y cómo aparecen en tus límites o la falta de ellos es tu responsabilidad.

Elegir límites es elegir el perdón. Como los límites son dobles, al reconocer lo que necesitas hacer por ti, no puedes estar expuesto a una situación de la misma manera que antes porque tienes un límite diferente y estás dispuesto a aprender en el futuro. También estás dejando que las otras personas (como resultado de lo que estás haciendo) se apropien de su comportamiento, lo elijan o no, porque no estás apropiándote de él al ser complaciente y, como resultado, ellas no están protegidas de su comportamiento y de cómo te afectó a ti y a la relación.

En el camino, cada uno de nosotros, los complacientes, nos perdimos a nosotros mismos y a nuestro *no*. Algunos no llegamos a ser los niños que sentimos que deberíamos haber sido o no recibimos el cariño, el amor, el cuidado, la confianza y el respeto de nuestros padres y cuidadores. Dejar de evitar el *no* es aceptar que el pasado ya pasó y llorar por ese niño que no llegamos a ser, por las personas que nuestros seres queridos no lograron ser, pero también por lo duros que hemos sido con nosotros mismos.

De forma similar a la pregunta que me hizo Sonia durante todos estos años, ¿crees que es justo y razonable culpar a un niño pequeño por lo que te has criticado, juzgado, incluso odiado a ti mismo? Deja que la elección de tener límites más saludables, de decir *no*, se convierta en una forma activa de intentar perdonarte a ti y al pasado lo mejor que puedas.

Adopta límites saludables

- Con la reparentalización, en lugar de revivir el pasado y convertir todo y a todos en versiones de tus padres y cuidadores de los cuales buscar la validación y una nueva oportunidad, entras en un diálogo más compasivo, curioso y enriquecedor contigo, y usas límites más saludables para cuidar esas partes descuidadas de ti mismo.
- Los límites reflejan tus valores y ambos actúan como un sistema de guía interno que señala tus necesidades, deseos, expectativas, sentimientos y opiniones. Tener límites más saludables que antes y permitirles evolucionar te ayuda a tomar decisiones y a evaluar y predecir con precisión a otras personas y situaciones. Ser complaciente perturba, interrumpe e inhibe tu sistema de guía interno.
- Al aceptar los límites, tendrás la madurez y la inteligencia emocional para manejar relaciones y situaciones fuera de tu zona de confort anterior. No tienes miedo de perderte porque eres tu propio dueño.
- No podemos controlar lo incontrolable, pero podemos tomar el mando de nosotros mismos.
- Quizá te preguntes por qué, por ejemplo, un padre se comporta de cierta manera con otra persona, pero no contigo. Persona diferente, dinámica diferente, roles diferentes, límites diferentes, incluso si creciste en la misma casa y pasaste por muchas de las mismas cosas. Tus

padres, cuando se comportan de esta manera contigo, a menudo ven algo de sí en ti y crean expectativas diferentes a las tuyas o temen las diferencias. ¡Además, los padres se comportan de manera diferente con personas que no son sus hijos!

- Los límites fortalecen las relaciones llevándolas a un lugar más honesto y nutritivo.

Solución de problemas «no»

¿Cuáles son algunas formas rápidas y sencillas de conectarme con mi yo más joven?

Mira fotos antiguas o, si no tienes ninguna, intenta imaginarte cómo eras en aquel entonces. Haz cosas que te encantaba de niño o que no tuviste la oportunidad de hacer. Lleva a tu niño interior de excursión y enséñale los alrededores, o deléitate con un capricho que sabes que le encantará. Incluye a tu niño interior en lo que estás haciendo. «¡A mí yo de ocho años le hubiera encantado esto!». Reconoce cuando te pierdes en la pura alegría de hacer algo. Cuando bailo, soy mi yo adolescente de fiesta en las discotecas de Dublín y me siento uno con la música. Es pura alegría.

Siento que me he estado cuidando toda la vida y estoy cansado. No creo que pueda hacer esto.

Te escucho. Cuando has sido descuidado, abandonado o maltratado, o has tenido que criar a los adultos o a los niños que te rodeaban a pesar de que eras un niño, te sientes viejo antes de tiempo. Estás tan cansado que quieres dejarlo en manos de otra persona y sentirte cuidado por una vez, y puede que quieras darles a las personas que te criaron y cuidaron de manera inadecuada la oportunidad de dar un paso al frente. Si empiezas a cuidar de ti, significa que es posible que no sientan la necesidad, el ímpetu, la culpa. Temes dejarlos libres. También puede haber una parte de ti que no crea que mereces satisfacer tus necesidades y deseos, tener estándares y valorar tus sentimientos y pensamientos.

Tú eres tu cuidador principal y lo has sido desde que te convertiste en adulto, y ese es el caso sin importar tus experiencias al crecer. Eso no significa que hagas todo por tu cuenta; significa que no vives de la venganza o el castigo. ¿Qué tal si te liberas del apuro? Retener el cuidado personal del *no* y de los límites es como condenarse a cadena perpetua. No te mereces eso. Reparentalizarte significa que te permites acceder a los recursos, el apoyo y los límites que te darán suficiente energía para comenzar a cuidar de ti y hacer evolucionar tus relaciones y elecciones hacia relaciones que te apoyen en lugar de lastimarte.

Ya he cometido errores con mis hijos, ¿cómo puedo reparentalizarme cuando les he fallado?

En primer lugar, ¿quién no ha cometido errores con sus hijos? Si no lo hubieras hecho, estaría preocupada. Sé que hay un montón de libros para padres por ahí, pero no existe ningún manual que sustituya el aprendizaje sobre la marcha. Fuiste padre desde el nivel de conciencia que tenías en ese momento y, sí, como lo hacen todos los padres en algún momento, eres el padre que insististe que nunca serías. En vez de esconderte de estos errores que son parte de la experiencia de ser padre o castigarte por ellos, confróntalos y escucha lo que te dicen sobre el bagaje que debes afrontar. Pregúntate: «Esta experiencia me ofrece la oportunidad de afrontar algo, ¿qué es ese algo?». Al permitirte ver lo que antes no podías sobre ti y tus experiencias pasadas, podrás sanar, crecer y aprender. Reparentalizarte te permitirá cambiar la dinámica de la relación con tu(s) hijo(s).

Me sentí muy alterada cuando mi hija tuvo que luchar contra la ansiedad y los ataques de pánico durante la pandemia; la vergüenza y el miedo me empujaron a una hipervigilancia que me dejó caminando sobre cáscaras de huevo, lo cual solo exacerbó la situación. Reconocer lo que esperaba (el bagaje detrás de eso) y también lo que su ansiedad reflejaba hizo que me diera cuenta de que había tenido miedo de mí misma, porque veía una versión más joven de mí en su comportamiento que había olvidado por completo. En cuanto lo hice, no solo pude empezar a cuidar este aspecto de mí, también pude estar ahí para ella, y nuestras ansiedades se aliviaron.

Cuando trato de poner límites más saludables, siento que estoy lastimando y rechazando a las personas. Si no son capaces de soportar los límites que necesito, ¿no estoy amando a la persona de forma condicional o exponiéndome a más drama?

Evitar los límites no es amor. Ese es el pensamiento infantil en el que imaginamos que los padres nunca dicen *no* como el ideal o que espontáneamente se convierten en quienes queremos que sean para que podamos vivir felices para siempre. Los límites comunican que te tratas a ti y a los demás con amor, cuidado, confianza y respeto y que eres consciente de los límites. De manera irónica, tenemos *más* libertad con los límites, no *menos*, porque nosotros (y los demás) tenemos la libertad y la flexibilidad para ser nosotros mismos. Sin límites, estás negando la realidad y negándote a aceptar quiénes son. El amor incondicional es amar a alguien en todas las estaciones y condiciones, no amar a alguien sin importar lo que te haga. Cuidado con infantilizar y habilitar. No te corresponde a ti decidir de qué límites son capaces; decide y vive los tuyos. A menos que establezcas límites de manera constante, no conocerás la verdadera naturaleza de tu relación.

Tener más límites no significa intentar cambiar o gobernar

a los demás; puedes tener más límites sin importar si alguien más los tiene o no. Puedes tener una relación sana con alguien si tienes una actitud sana hacia esa persona. Es reconocer y honrar el hecho de que son dos entidades individuales, que no son tus jefes y que solo tienen el poder que tú les concedes. No significa que ambos se relacionen sanamente, pero desde tu punto de vista, te respetas a ti y a ellos con límites saludables, aun si no tienen el sentido común, la empatía, incluso el carácter para hacer lo mismo.

Intenté poner límites con esta persona, pero se volvió vengativa, enojada y abusiva. Siento que voy a tener que alejarme, pero parece muy difícil.

Algunas personas, debido a su bagaje, no a la validez de tus límites, no están en condiciones de tener una relación remotamente saludable con nadie. Sé que parece que aguantar, no poner límites o intentar que dejen de maltratarte y hacerte daño para hacerte sentir mejor, o esfuerzos similares, pueden parecer el camino a seguir y que tal vez no quieras lastimarlos, hacerlos enojar o abandonarlos. Pero sin límites, incluidos los que implican mantener una sana distancia o mantenerse alejado, las personas no experimentan las consecuencias naturales de su comportamiento. Sigues asumiendo sus responsabilidades, ellas siguen imponiéndote las suyas y tú no asumes tu propia responsabilidad. Por supuesto que es difícil. Has pasado por muchas cosas con esta persona, pero no confundas tratar de obtener un retorno de la inversión y tratar de hacer que cambie con una razón para quedarte con ella o con amarla y cuidarla.

Reconoce el bagaje que traes y cuáles son las similitudes entre esta persona y otra importante de tu pasado. Cuando queremos cambiar, pero nos sentimos desleales o como si estuviéramos haciendo algo mal, es porque representa un patrón que aprendimos en nuestra dinámica infantil.

Digamos que tienes que abandonar una relación debido a su resistencia a establecer límites saludables. ¿Para qué otras relaciones esto podría dejar espacio? ¿A qué le estás abriendo la puerta? Solo dejando de lado nuestras ideas de lo que creemos que deberían ser las relaciones (las imágenes que hemos pintado en nuestras mentes) y aceptando quiénes son y han sido ellos, podemos discernir si también necesitamos cortar de raíz la relación y dejar de interactuar con esa persona.

Siempre me he considerado del tipo X y siento que los límites inhiben esto.

Los límites saludables expresan quién eres. A menudo escucho a personas que dicen: «Natalie, soy una persona muy nerviosa o muy espontánea, así que siento que estoy siendo falsa». Eres humano y, por lo tanto, estás apegado a ciertas características y cualidades como parte de tu identidad, pero ¿qué pasa si eres más de lo que intentas definirte? Si de verdad crees que eres alguien, podrás hacerlo con límites que te permitan a ti y a tus relaciones crecer en lugar de mantenerte pequeño y estancado en hábitos que no te sirven.

11

Conviértelo en un deseo o di *no*

En el funeral de mi padre, mientras escuchábamos a los miembros de la familia compartir historias de cómo él lo había dejado todo (incluidos su esposa e hijos) para acudir en su ayuda sin importar la hora del día, mi hermano y yo nos dimos cuenta de que nunca tuvimos una oportunidad. Con razón papá no fue el padre que necesitábamos o queríamos: no tenía el ancho de banda mental y estaba atrapado en su propio ciclo de complaciente. Conociendo el coste que había pagado, incluido el alcoholismo y las relaciones distanciadas y tensas, ese día prometí dejar de hacer cosas desde un lugar de culpa.

A medida que tomamos conciencia de cómo gastamos nuestro ancho de banda, entendemos dónde y por qué aparece nuestro bagaje y comenzamos a repararnos cambiando poco a poco nuestras actitudes hacia otras más compasivas que nos tomen en consideración, podemos encontrarnos luchando por saber cuándo decir *no* y descifrar qué necesitamos o queremos hacer.

Por supuesto, dado que, hasta cierto punto, hemos tenido hábitos de complaciente durante la mayor parte o toda nuestra vida y, por lo tanto, nos hemos orientado a priorizar las necesidades, deseos, expectativas, sentimientos y opiniones de otras personas, esto puede parecer extraño e inquietante. Nos sentimos inseguros de qué nos califica para decir *no* y de qué nos dicen nuestros sentimientos sobre lo que hacemos o no queremos hacer porque hemos aprendido a desconfiar y a no escuchar nuestros sentimientos. ¿Y qué pasa con nuestras obligaciones y lo que los demás esperan de nosotros?

Y entonces podemos encontrarnos atrapados en medio de dos problemas opuestos en los que no queremos seguir haciendo cosas por razones equivocadas o que nos dejan sintiéndonos mal con nosotros y nuestras relaciones, pero tampoco queremos arruinar los vínculos y quedarnos solos.

Digámoslo con honestidad: si no decimos sí de forma auténtica, lo decimos con resentimiento, miedo o evitación, y esto genera muchos más problemas que si hubiéramos dicho *no* desde un principio. Esto significa que debemos convertirlo en un deseo o decir no. La brecha entre lo que queremos hacer y las obligaciones o las expectativas de otras personas es donde residen la tensión, la fricción y el resentimiento.

> Observa cómo te sientes y qué estás pensando cuando estás a punto de hacer algo, ya sea que te lo pidan, que sea algo que esperas de ti o algo que has decidido hacer. ¿Se siente como un deseo o como una obligación o regla?

La gran pista es cómo te sientes y piensas, incluidos los *deberías* y si tus preocupaciones se centran en cómo te verán los demás. Eso no es lo que quieres hacer.

Piensa en algo que quisieras hacer. ¿Cómo experimentaste eso en tu cuerpo? Aunque estuvieras un poco nervioso, ¿en qué estabas pensando? Este es un ejemplo de cuando quieres hacer algo, para que tengas una idea bastante clara de cómo se siente querer hacer algo. Así no es como se siente la obligación, las reglas o el chantaje emocional para lograr algo.

No es lo que sientes cuando cumples en lugar de dar tu consentimiento.

Ten en cuenta que cuanto más tiempo, energía, esfuerzo y emociones dediques a decir que sí de manera no auténtica, menos ancho de banda tendrás. Ser más selectivo y exigente con tu *sí* protege tu bienestar porque comprendes el vínculo entre el *sí* y el *no* en lugar de verlos como distintos uno del otro.

Las obligaciones, técnicamente, se refieren a lo que nos sentimos obligados moral y legalmente a hacer, nuestro sentido del deber y el compromiso, pero gracias a la Era de la Obediencia, nuestro sentido de obligación se extiende mucho más allá de esto y por eso tendemos a sentir, pensar y comportarnos obligados con cualquier persona que percibamos como una autoridad y donde se activan nuestros complacientes.

Como complacientes nos chantajeamos de forma emocional para hacer cosas, por eso tendemos a sentirnos obligados cuando nos damos cuenta de las necesidades, expectativas, deseos, sentimientos y opiniones de otras personas, y por eso nos sentimos obligados por el deber, pero mucho de lo que consideramos obligaciones es falso. A menudo son reglas, *deberías* que hemos acatado como si fueran conclusiones inevitables (sin importar lo arbitrarias, inapropiadas o irrelevantes que puedan ser). Estas crean nuestro sentido de obligación moral porque pensamos que son nuestros roles y tememos decepcionarnos a nosotros (o a los demás) y meternos en problemas.

Usamos reglas (nuestras y de otras personas) para sentirnos seguros y protegernos de que el pasado vuelva a suceder, pero lo único que hacen es crear más culpa y miedo porque, al seguir las reglas de esta manera, vivimos con temor de estar «equivocados» o ser heridos, por lo que permanecemos estancados en el pasado. También terminamos con una sensación desproporcionada de haber hecho algo malo, lo que nos lleva a creer que hemos hecho más cosas malas de las que hemos hecho o que estamos haciendo daño a las personas con nuestro *no*.

Así es la cosa: cada vez que haces algo por culpa, miedo u obligación, siempre genera resentimiento. Quizá no hoy, quizá no mañana, pero pronto.

El resentimiento es nuestra ira, el resultado emocional de creer que fuimos forzados o conminados a ser o hacer algo que no queríamos. Incluso si la persona no te chantajeó de forma emocional ni te obligó, hacer las cosas porque es lo que crees que se espera de ti, no porque quieras según quién eres, genera resentimiento porque, invariablemente, terminas sintiéndote defraudado.

> Tienes que convertirlo en un deseo o decir no porque la obligación está demasiado asociada con ser un niño y con las personas que tienen autoridad sobre ti y el poder de ponerte a salvo o no. Si no eliges de forma consciente lo que haces y lo que no quieres hacer, tu sistema nervioso no sabrá la diferencia entre el pasado y el presente.

Cuando haces cosas por obligación en lugar de aceptar de manera consciente hacerlo, actúas como si no tuvieras capacidad de decisión, ni voz ni voto en tus circunstancias, como si todavía fueras ese niño pequeño. Y entonces violas tus límites y tu ancho de banda mental haciendo cosas que te explotan o hacen que no actúes en consonancia con tus valores, tu carácter y cómo quieres vivir tu vida.

A veces, tienes miedo de decir *no* porque sabes con cada fibra de tu ser que justo así es como te sientes y parece casi egoísta honrar esos sentimientos y decepcionar a alguien más. Cuando estás demasiado en sintonía con los sentimientos de otras personas, cuando te expresan una petición, la interpretas como una obligación que debes cumplir.

Como aprendimos en el capítulo 2, el cumplimiento es ser excesivamente propenso a aceptar obedecer a los demás, y esto significa que uno cumple, incluso cuando no lo necesita o no lo desea, y cuando no debería hacerlo. Eso es en gran parte lo que crea tu dolor y tus problemas ahí, porque cuando complaces a la gente más que ocasionalmente, no lo haces solo con personas que te harían daño o que tendrían un problema con tus límites; lo haces de todos modos porque ya estás en tu rol y, a menudo, te acercas a personas y situaciones que se ajustan a él.

Hay un mundo de diferencia entre cumplimiento y consentimiento. Cuando das tu consentimiento, lo aceptas de forma consciente y autónoma. Tú sabes lo que estás aceptando y por qué. Pero, aunque cumplimiento significa que tú «consientes» por omisión del acuerdo directo o por silencio o inacción, no es consentimiento: es obediencia. Has aceptado algo como si no tuvieras voluntad, o has aceptado algo en piloto automático y solo después has registrado el impacto.

Cuando reaccionas en lugar de responder, en algún nivel te sientes y te comportas como si fueras responsable de los estados de ánimo, sentimientos y problemas de otras personas, lo cual es codependencia. Te sientes excesivamente dependiente de forma emocional de esta persona para tu definición y seguridad, y te cuesta discernir tus responsabilidades porque has fusionado tus necesidades, deseos, expectativas, sentimientos y opiniones con los de ella al suprimir y reprimir los tuyos para cuidar de sus sentimientos y comportamiento.

Las personas no pueden conocer una línea y un límite que tú no creas, incluso si piensas que «deberían hacerlo». Al convertirlo en un deseo, al elegir conscientemente hacerlo, incluso cuando tal vez no sea lo que más te gusta, te conviertes en un adulto y reconoces dónde terminas tú y comienzan los demás.

¿Puedes dar un consentimiento con entusiasmo?

Marie Forleo, empresaria y autora de *Everything is Figureoutable,* es conocida por decir: «Si no es un jodido sí, entonces es un jodido no». Si bien este dicho puede ser cierto en algunos casos, a veces nuestros *sí* serán para cosas que nos gustan de forma moderada. No todo puede ser «¡¡sí!!». A veces es un *sí* moderado, posiblemente porque no sabemos lo que implica, no nos queda mucho ancho de banda o es algo regular que podemos consentir. La clave es también comenzar a notar cómo se siente el *no* y usar esos datos para ayudarte a confiar en tu intuición y tus límites para que puedas cuidarte.

Cuando seas consciente de la necesidad, el deseo o la expectativa de otra persona o estés considerando ser o hacer algo, consulta contigo haciéndote estas preguntas:

¿Qué estoy sintiendo?

¿Por qué estoy ansioso?

¿Qué estoy pensando?

¿Estoy tratando de controlar cómo me perciben?

Observa tus sentimientos y reconoce dónde, incluso si quisieras hacer algo, han surgido tus sentimientos de complaciente. Debido a tu hábito de complacer, a veces te has sentido culpable cuando, en realidad, lo harías sin sentirte avergonzado o amenazado. Como resultado, es posible que estés tan acostumbrado a hacer las cosas desde un lugar de culpa que las aguas se hayan enturbiado. No es que no quieras hacer cosas por tus seres queridos, pero es posible que tengas un sentido tan desproporcionado de lo que estás obligado a hacer que las expectativas de otras personas pueden ser agotadoras y estresantes incluso cuando tú quieras hacer algo.

Si eres autocrítico y tratas de convencerte, presionarte, avergonzarte o reprenderte para hacer algo; si tus pensamientos son negativos (pensamientos sobre lo que alguien podría decir sobre ti si no lo haces, catastróficos, furiosos porque la gente te pide o espera que hagas algo, queriendo controlar, ganar, tener razón o no perder), detente. Todos estos son mensajes tuyos de que, basándote en esto, debes decir *no*. Si siguieras adelante ahora mismo, sería por razones equivocadas.

Me encuentro con mucha gente que acepta ayudar, hacer trabajo extra y/o no remunerado y participar en cosas que no quieren hacer. Todos ellos tenían pensamientos sobre cómo la gente podría percibirlos si decían que no, chantajeándose de forma emocional para hacer estas cosas por razones equivocadas. Lo que no consideran es el impacto, el significado y las consecuencias de aceptar las cosas de esta manera, incluyendo cuán negativamente se perciben y cómo se están robando su ancho de banda mental.

Lo que estás pensando, sintiendo y haciendo te califica para decir *no* porque, de lo contrario, estarías haciendo lo que sea por razones equivocadas, incluso si es supuestamente «algo bueno».

Conviértelo en un deseo o di *no*.

> Entrénate para notar las cosas que no te gustan. Por ejemplo, yo digo «paso» en mi cabeza y sonrío en mi interior.

Conviértelo en un deseo según tu estilo de complaciente

Buenos, observad en dónde creéis que decir sí hará que las personas se sientan bien o piensen bien de vosotros en ese momento, y mirad más allá de eso y ved qué es lo que realmente deseáis.

Esforzados, observad dónde haríais algo, incluso si no hubiera nadie cerca para reconocerlo, y dónde os sentís bien mientras hacéis algo, incluso al pensar en ello.

Evasivos, notad dónde os sentís tentados a ceder ante la otra persona y usadlo como una señal para hacer una pausa y sintonizar con vuestras preferencias personales.

Salvadores, observad dónde algo es genuinamente beneficioso para ambas partes en lugar de desempeñar el rol de donante.

Sufridos, observad las cosas por las que no tenéis que sufrir al hacerlas o aceptarlas, y seguid más ese sentimiento.

Descubrirte en la obligación y el resentimiento

¿Qué *quiero* hacer y qué me siento *obligado* a hacer?

La obligación puede ser real en el sentido de que alguien más la espera de ti y te ha dicho que es un deber, pero puede ser que tú te sientas obligado, aunque no lo estés porque lo has convertido en un *deber*.

Si hay una diferencia entre tu deseo y tu obligación, este es el caldo de cultivo para el resentimiento. Debes hacer lo siguiente:

- Cerrar la brecha acercándote a lo auténtico (lo que quieres).
- Convertir la obligación en deseo.
- Comunicar que crees que esto es una obligación.
- O decir *no*.

Por ejemplo (este es un escenario común con el que se enfrentan muchas personas), digamos que tus padres esperan que llames todos los días. Cuando consideras lo que quieres hacer frente a la obligación (hablar todos los días), y reconoces que tal vez quieras hablar con tus padres dos o tres veces por semana o no sientes que tiene que estar escrito en piedra y que puedes llamar cuando quieras, esperar que hagas llamadas diarias es un problema. Estás haciendo el doble de lo que te sientes cómodo. Tu deseo de menos no se debe a que eres un niño malo o desagradecido; estás haciendo estas llamadas por motivos equivocados y anulando tus límites.

Encuentra una motivación saludable para continuar con las llamadas diarias que no tenga nada que ver con mantener una identidad o un motivo oculto, de modo que elimines o calmes la culpa y la obligación y la conviertas en un deseo, o di no a la obligación y baja el listón. Por ejemplo, empieza a llegar a un punto medio o establece límites contigo mismo sobre cuánto tiempo dedicas a estas llamadas.

Aquí hay algo que los complacientes a menudo olvidan en su afán por complacer: a la mayoría de las personas no les gusta sentir que hiciste algo por culpa u obligación incluso si (y sé que puede parecer absurdo) te hicieron sentir culpable o te obligaron a hacerlo. Y digo «la mayoría» porque a algunas personas no les importa lo miserable que seas. Quieren que cumplas y disfrutan aprovechando tu escrupulosidad y tu miedo, y necesitas tener límites muy concretos con este tipo de personas. Pero si no es así y respetan los límites (o lo harían si les dieras la oportunidad de conocer los tuyos), entonces es un insulto a tu relación con ellos. Hacer las cosas desde un lugar de obligación te pondrá en un rol de niño y mantendrá la relación en un nivel más bajo de madurez. Actuarás con un comportamiento pasivo-agresivo, como llegar tarde, estar de mal humor o hacer algo mal.

No significa que estarán encantados cuando digas *no*, pero está bien. ¡No te emociona cuando la gente te dice *no*! Pero estas personas odiarían pensar que la única o principal razón por la que te relacionas con ellas o haces lo que te piden es porque sientes que *tienes* que hacerlo.

Empieza a hacer las cosas desde un lugar de deseo y cariño para tratarte a ti y a los demás con dignidad. Dales un poco de margen al no asumir lo peor de ellos (a menos que sean eso) y confía en tus límites para que sean capaces de manejar sus propios sentimientos al respecto.

Prueba tus motivos

Si siguiera adelante e hiciera eso y no obtuviera la respuesta y recompensa esperadas... ¿aun así querría seguir adelante y hacerlo? Si la respuesta es no, debes revisar tus motivaciones hacia algo que refleje el deseo, una elección consciente, sin expectativas de lo que recibirás a cambio, o necesitas comunicar tus expectativas a la persona para que cada uno pueda proceder desde un punto diferente (desde un lugar responsable de forma emocional). Si no puedes hacer ninguna de las dos cosas, debes decir *no*.

¿Estoy tratando de conseguir o evitar algo? Si la respuesta es sí, trata de ser lo más honesto posible contigo sobre si tu enfoque es una forma limitada de abordar las cosas o una forma que representa tu hábito de complaciente para evitar ser demasiado vulnerable.

Aquí hay cuatro pasos que te ayudarán a tener una respuesta asertiva cuando reconozcas que necesitas decir *no*.

1. **Revisa lo que quieres hacer y lo que crees que la otra persona espera de ti o cualquier obligación generalizada.** Presta atención a aquellos mensajes de tu cuerpo, pensamientos e incluso acciones que sugieren que no quieres hacer algo o que es necesaria otra conversación o forma de actuar. Date el espacio y la gracia para tener una idea de lo que estás sintiendo.

2. **Determina qué quieres hacer y qué requiere que comuniques.** Esto hace que pases de tener una respuesta pasiva (en la que eres consciente de tu malestar o de tus verdaderos pensamientos y necesidades, pero no haces nada o solo dejas pistas al respecto) a una respuesta activa.

3. **Identifica las consecuencias de tus deseos de asertividad.** ¿Qué necesitas lograr de manera asertiva? Por ejemplo, digo: «No quiero hacer eso». Le comunico a mi amigo que «voy a [insertar plan]». Podría ser que expreses una idea en la reunión semanal o hables sobre lo que te molesta o pidas ayuda.

   ¡Los resultados deseados de la asertividad no pueden consistir en tratar de controlar los sentimientos y el comportamiento de otras personas! Si tu objetivo es hacer que alguien diga X, piense Y o haga Z, estás renunciando a tu poder y a tus límites, y también molestas a la gente.

4. **Comunica lo que quieres o tu posición.** Pero ten cuidado con la paja. No es necesario completar lo que tienes que

decir con un montón de excusas o historias. ¡La gente no entiende el punto! Simplemente quieren saber cuál es tu posición (y cuál es su posición). Comienza de manera sintética y luego agrega el detalle. (Para obtener ayuda, consulta la sección sobre el *no* «rotundo» y «suave» en el capítulo 12). Si no estás seguro de lo que quieres, está bien decirlo. No te enojes ni te chantajees de forma emocional para aceptar algo ni permitas que otra persona te lo haga.

EL PODER DE LA PAUSA

No podemos controlar todos los inevitables de la vida, pero podemos elegir cómo respondemos. Cada día, cada elección es una oportunidad para tomar una nueva decisión. Darte incluso un poquito de tiempo para hacer una pausa interrumpe hábitos de pensamiento y comportamiento arraigados desde hace mucho tiempo. Una pausa te permite observar tu entorno, reconocer dónde estás, recordar que tu jefe no es tu padre, tu pareja no es el enemigo o que ya no eres ese niño. También debes hacer una pausa si estás dispuesto a decir que sí de forma predeterminada. Establece un acuerdo contigo mismo de que, sin importar quién sea, cada vez que alguien te haga una petición o te obligues a decir que sí a algo, harás una pausa de al menos diez segundos y reconocerás cómo te sientes. Si no te sientes bien de decir que sí, es hora de decir *no* ahí mismo.

Déjame pensarlo es una frase mágica que te da el espacio y la gracia para considerarte. Si tiendes a decir sí cuando en realidad quieres decir no, establece como regla personal en el futuro inmediato el uso de esta frase para que tengas tiempo de verificar tu ancho de banda y tengas una idea de lo que quieres hacer. Tómate un tiempo para darte cuenta de los pensamientos y preocupaciones que surgen, así como de los sentimientos que ocultas rápidamente con un sí. Al hacerlo, te volverás más consciente y presente. Si la persona dice que necesita una respuesta ahora mismo, entonces es un no. ¡Pum! Ahí está. Algunas personas quieren cogerte desprevenido y otras piensan que no pueden soportar esperar y retrasar su gratificación. No lo sabrás si no te das tiempo.

Nota para el bondadoso

Un gran temor entre nosotros, los complacientes, es que decir *no* nos convierte en personas sin corazón, egoístas, sin empatía y que nadie quiera estar cerca de nosotros nunca más. Ser complaciente está tan entrelazado con nuestras identidades que tememos no ser nada sin ello, incluso si nos sentimos bastante miserables con ello.

Decir *no* no matará tu espíritu ni te impedirá ser todo lo que te enorgulleces de ser. Aún puedes tener todas las buenas cualidades que valoras *con* límites; de lo contrario, no estarás siendo tan fiel a estas cosas como crees.

Así está la cosa (prepárate): si no te sientes bien después de dar o ayudar, entonces no es dar ni ayudar. Si no tienes dos granos de autoestima para unir a pesar de que eres la persona más empática, compasiva, concienzuda y de buen corazón que jamás haya existido, entonces, nuevamente, no has estado dando.

Dar es la transferencia total de algo.

Si tienes una expectativa de lo que la persona debería ser,

hacer, pensar o sentir a cambio, *no estás dando*. Tienes una intención oculta y te estás sacrificando para influir y controlar los sentimientos y el comportamiento de la otra persona con la esperanza de ser recompensado con lo que necesitas. Eso es un contrato, y cuando tienes una expectativa de lo que debería suceder a cambio de tu contribución, la otra parte necesita saberlo para que cada uno pueda tomar decisiones emocionalmente responsables sobre cómo proceder.

Ahora, una parte de ti podría decir: «Natalie, eso es un poco duro. ¿No esperan todos algo a cambio cuando hacen algo?». Sí, pero también no.

Como seres humanos, nos gusta recibir reconocimiento y aprecio por nuestros esfuerzos. Son parte de nuestras necesidades emocionales. Pero si hacemos cosas para lograrlos y también tenemos una expectativa de lo que vamos a recibir a cambio, sobrepasamos los límites.

Por muy incómodo que sea para ti y para todos los complacientes, incluyéndome, escucharlo, si hay una intención oculta es manipulación. Y a las personas, incluyéndote, no les gusta sentir que están siendo manipuladas, ya sea mediante un comportamiento abusivo y contundente o mediante un comportamiento pasivo o pasivo-agresivo para complacerlas.

> Al convertirlo en un deseo en lugar
> de una obligación, o incluso un sacrificio,
> nos mantenemos en nuestro camino.

Pero ¿qué pasa con hacer sacrificios por los seres queridos? Incluso cuando algo es un sacrificio porque apartamos algo nuestro para cumplir con la prioridad mayor de otro, cuando lo hacemos desde un lugar consciente y delimitado, ya no es un sacrificio; estamos dando de forma autónoma. Tenemos conciencia de quiénes somos y de lo que somos, hacemos y damos, por lo que conocemos nuestros límites y nuestro ancho de banda. No llevamos la puntuación. Sacrificarse no es dar; es autolesión. No hay necesidad de arruinarnos en ningún sentido de la palabra para poder ayudar. Es una petición demasiado grande y definitivamente no es una obligación. Tampoco siempre puedes ser tú quien haga los sacrificios y dé. Si siempre eres el que da, todos los demás son los que reciben.

Adopta límites saludables

- Cada vez que desempeñas un rol, estás adaptándote al papel que está jugando la otra persona o estás tratando de lograr que la persona cambie. Luego te sientes resentido porque obedecer en lugar de consentir te hace sentir defraudado, o porque la otra persona no cumple con su parte de la obligación y no se convierte en quien tú quieres que sea.

- Si dejas de fijarte en lo que recibirás a cambio, te sorprenderás de cuántas «obligaciones» y «reglas» desaparecen de tu lista y de tu ancho de banda. Cuando no tienes apego a lo que vas a recibir a cambio, actúas en función de quién eres.

- Como regla general que cubre la abrumadora mayoría de las situaciones, si no tienes una respuesta activa y afirmas tus límites en situaciones en las que necesitas representarte, tu silencio/cumplimiento/inacción se tomará como un *sí*. Ten mucho cuidado con lo que firmas. En otras palabras, el que calla otorga.

- Aunque a veces dices «No, nunca», la mayoría de tus *no* son más bien «Ahora no». No hay necesidad de comportarse como si decir *no* significara decirle no a esa persona para siempre. Es simplemente *no*.

- No tienes que cambiar lo que quieres solo porque alguien más quiera algo diferente.
- El hecho de que sientas o sepas que alguien tiene una necesidad no significa que estás obligado a satisfacerla. No es tu necesidad.
- Si quieres que algunos de tus *no* futuros sean más fáciles, di *no* ahora y sigue adelante. Tus *no* no necesitan ser perfectos. Tu *no* podría ser legítimo, podrías decirlo amablemente, y aun así alguien podría estar en desacuerdo. Adelante de todos modos.

Solución de problemas «no»

¿Cómo consigo que un ser querido deje de hacerme sentir culpable por hacer cosas?

Ya sea que un ser querido nos obligue a hacer algo, actúe como si le hubiéramos hecho daño al no hacer X o nos trate como si fuéramos responsables de sus sentimientos, sentirse culpable es desagradable y es un caldo de cultivo garantizado para el resentimiento. Aquí tienes un guion útil que comunica lo que está sucediendo, cómo lo sientes y lo percibes, qué debe acabar o, por el contrario, suceder, y qué valoras. Ajústalo para adaptarlo a tus necesidades.

«Cuando dices [insertar no más de tres ejemplos específicos] o haces [insertar no más de tres ejemplos breves y específicos], siento que me estás culpando, y no me gusta sentirme así. Si quieres que haga algo, pídemelo. No necesitas activar mi conciencia. Si puedo o quiero hacerlo, lo diré, y si no puedo o no quiero, te lo haré saber. Sé que puede ser difícil escucharlo, pero no quiero terminar sintiéndome resentido. Valoro nuestra relación y quiero sentir que [por ejemplo, puedo disfrutar de pasar tiempo contigo], y es por eso que te digo esto».

**¿No deberíamos, a veces, solo «sonreír y soportarlo»? Segura-
mente no podemos decir no a todo lo que no queremos hacer.**

En todos los ámbitos de nuestra vida, en ocasiones tenemos
que hacer cosas que no nos apasionan. Eso se llama vida, y a
veces no nos entusiasma llevar a cabo determinadas tareas, pero
facilitan otros aspectos de nuestra vida y nos ayudan a satisfacer
nuestras necesidades de forma saludable. Nos sentimos felices
de hacerlas porque nos estamos entregando a nosotros mismos
y a nuestras prioridades. Tenemos la energía y los límites para
hacerlo. Por otro lado, nos martirizarnos de forma inadvertida
siendo complacientes lo que significa que siempre estamos «son-
riendo y soportando». Cuando reducimos el esfuerzo de ser complacientes, tenemos más ancho de banda para hacer cosas que
no solo están en la parte superior de la lista porque no estamos
haciendo cosas que deberían estar al final o ni siquiera estar ahí.

**¿Significa esto que no tengo que hacer nada por mi familia?
Porque eso sería muy duro.**

No. Estamos obligados a ayudar a nuestras familias en
ocasiones, pero podemos hacerlo con límites, reconociendo la
obligación y afrontándola desde un lugar de deseo. Por ejemplo, mi hermano experimentó una crisis de salud mental y apareció inesperadamente en nuestra casa, que está a casi trescien-
tos kilómetros de la suya. Aunque era el día antes de que las
niñas regresaran a la escuela, a la mañana siguiente me levanté
a las seis y lo llevé a casa. ¿Fue conveniente? No. ¿Estaba can-
sada? Seguro. Pero lo hice porque podía y quería. Me aseguré
de cuidarme más para restaurar mi ancho de banda y ajusté
mis compromisos en los días siguientes para no comportarme
como si no hubiera pasado por ese gran evento.

**A veces no tengo ganas de hacer algo, pero me obligo a hacer-
lo. A veces me divierto; otras no. ¿Cómo sé cuándo quiero?**

Si bien es indudable que vale la pena esforzarse para salir cuando no queremos o cuando solo queremos no hacer nada, tiene poco valor hacerlo cuando terminamos resentidos por las personas que nos rodean y odiándonos aún más. Necesitamos conocer la línea entre animarnos a salir de nuestra zona de confort y no escucharnos. Por eso es importante tomarte el tiempo para comprender tu ancho de banda y tus intenciones. Intenta discernir la diferencia entre los momentos que disfrutas y los que no. Reúne los datos. Conocí a mi actual esposo en un evento al que realmente no quería ir porque no parecía atractivo (resultó ser genial), pero fui porque mi amiga me rogó que la acompañara. No fui de mala gana. Me di cuenta de que quería hacerlo. Pero, otras veces, incluso cuando la gente de verdad quería que me uniera a ella (sé que parezco superpopular), refunfuñaba en mi cabeza y empezaba a sentir el cuerpo nervioso y tenso, es un paso difícil. En definitiva, es prueba y error. A veces te perderás cosas, a veces desearás haber pasado algo por alto y, a veces, te alegrarás mucho de haber sido gratamente sorprendido.

Sé que necesito decir no, pero me siento tan culpable que termino diciendo que sí o retrocediendo después de haber dicho no. ¿Por qué me siento tan culpable?

Hablemos en serio: te sientes culpable porque es una sorpresa que por un momento te hayas considerado a ti mismo. No es que tus límites sean incorrectos o que estés haciendo algo mal; estás en territorio desconocido. Tu cuerpo te está diciendo que tienes muy pocos datos sobre ti de manera saludable y auténtica para satisfacer tus necesidades. Los sentimientos de culpa no reflejan la situación real; es un hábito. Es la sensación que tu cuerpo está entrenado para emitir cuando estás en estos contextos. Así que reconoce el sentimiento, recuerda la verdad de lo que está pasando aquí, sigue adelante, di *no* cuando puedas, tranquilízate como hablamos en el capítulo sobre autocrianza y pronto te darás cuenta de que ¡estás bien!

Me siento culpable por estar fuera del trabajo o no poder hacer algo debido a una enfermedad, baja por maternidad, agotamiento, duelo, etcétera. ¿Cómo sé si es hora de volver?

Si la voz que te convenció de hacer cosas que no eran lo mejor para ti en el pasado es la misma que te hace sentir culpable, no es el momento. O debes intentar aprovechar lo que quieres hacer. Está bien tener tiempo libre. No eres una carga ni un holgazán. En términos generales, los complacientes necesitan tomarse más tiempo del que les resulta cómodo para superar el punto de ceder ante su crítico interior y estar más alineados con sus necesidades y ancho de banda.

¿Cómo puedo saber si la solicitud o expectativa de alguien es injusta o irrazonable?

Si hacer, ser, aceptar o aguantar algo no te va a causar más problemas al impactarte de forma negativa, adelante.

Lo correcto, saludable y compasivo que se puede hacer en una situación no siempre será lo que la otra persona quiere, incluso lo que tú quieres. Di *no* a lo injusto e irrazonable porque a veces lo que esperas de ti tampoco es respetuoso contigo. A veces, todo lo que alguien necesita para salir de una situación es un *no* claro; entonces ambos sabrán cuál es su posición.

12
Deja de insinuar

En los dieciocho meses transcurridos entre mi compromiso y mi matrimonio, tuve una serie de conversaciones y reuniones incómodas con mi padre en las que le dejé pistas sobre la boda para incitarlo a que diera a conocer su posición. Como (después de un año de grandes pausas estilo reality show y de sentir mi corazón romperse un poco más cada vez) él todavía no decía nada, opté por tomar eso como *su* insinuación de que sabía que sería mi padrastro (quien me había criado desde que tenía seis años) el que me acompañaría al altar y que a él no le importaba lo suficiente como para dar un paso al frente y tener esa conversación incómoda pero necesaria para aclarar las cosas. Un mes antes de la boda, mi tía preguntó sobre el traje de boda de mi padre, y la incómoda aunque obvia verdad sobre el rol de mi padrastro salió a la luz, desatando de inmediato un conflicto y haciendo emerger los temas que toda la familia había evitado.

Si deseas que alguien haga lo que quieres, te dé lo que necesitas o cumpla ciertas expectativas, hay opciones para hacerlo, como hacer favores y hacer concesiones para que potencialmente se sienta obligado a corresponder de la manera que tú deseas, necesitas o esperas. Otras formas incluyen ser manipulador, obstructivo, amable, hacer buenas obras, dejar que te utilicen y parecer adolorido, por nombrar solo algunas. Como resultado, cuando haces algo así, tus opciones se limitan a insinuar o ser deshonesto.

¿Sabes lo que estamos haciendo al ser complacientes? Estamos mostrando a otras personas cómo comportarse usando el «ser bueno» para comunicar lo que necesitamos, queremos, esperamos, sentimos y pensamos sin ser sinceros, directos y asertivos, pero también estamos tratando de modelar cómo los demás «deben» comportarse de manera que cambien sus sentimientos y su comportamiento. Son insinuaciones, que, cuando no proporcionan pistas para un juego o una sorpresa (divertida), son una forma de comunicación pasiva y pasivo-agresiva en la que intentamos decir algo sin decirlo para evitar la vulnerabilidad y cualquier cosa que pueda llevarnos a sentir rechazo. Esta actitud de complaciente crea una deuda que esperamos que otros paguen, y esto incluye nuestras palabras no dichas que esperamos que los demás lean entre líneas.

Esta es la verdad: en cierto nivel, esperaba que mi padre manifestara que sabía que yo había pasado casi treinta y cinco años excusando su ausencia y falta de esfuerzo y me ahorrara tener que explicarle que incluiría a mi padrastro en la boda. Quería que me dijera que sabía lo dolorosas y difíciles que eran para mí tanto su ausencia como la decisión y que le encantaría participar en cualquier forma que pudiera. ¿Y sabes qué? No es la expectativa más descabellada, pero era poco realista considerando quién era mi padre. Eso, y que estaba evitando mi responsabilidad y estaba fuera de sintonía con mi integridad.

Vuélvete más consciente de tus sugerencias para cada estilo de complaciente

Los **buenos** dejan pistas al continuar «comportándose bien» para dar un buen ejemplo, incluso cuando están furiosos por dentro por su comportamiento estúpido.

Los **esforzados** dan pistas al intentar decir y hacer lo «correcto» con trabajo duro o al mostrar el esfuerzo en todo lo que hacen.

Los **evasivos** dejan pistas con agresión pasiva «sutil», mientras dicen que no pasa nada.

Los **salvadores** dan pistas al sacrificarse ayudando y apoyando, y luego mostrando la tensión de su sacrificio.

Los **sufridos** dejan pistas mediante el sufrimiento para llamar la atención sobre su necesidad y luego para resaltar cómo están siendo maltratados.

¿Por qué las personas insinúan? Porque creemos que da menos miedo recorrer una parte que llegar hasta el final. No queremos herir sentimientos y esperamos que las personas descubran lo que pensamos, sentimos, necesitamos, deseamos y esperamos sin que tengamos que exponernos. Es por eso que, en lugar de salir directamente y decir *no*, contamos una gran historia, seguimos demorando y estancándonos, nos vemos tensos y atorados con nuestro *no* gastado, pero decimos que estamos «bien» mientras rezamos para que se den cuenta de que no queremos hacerlo. Es por eso que no consideramos ser directos o, si lo hacemos, el miedo se apodera de nuestros esfínteres.

Lo que de verdad tratamos de lograr es un punto de inflexión con nuestro complaciente, donde hayamos sido tan buenos, esforzados, evasivos, salvadores y sufridos que por fin llegamos a nuestro gran día de pago: el momento en que las personas se sienten tan complacidas, culpables u obligadas que finalmente nos recompensan con lo que necesitamos, queremos y esperamos.

A menudo consideramos que las insinuaciones son un requisito para navegar en este mundo, en especial cuando, dependiendo de cómo hemos sido socializados y condicionados, es posible que hayamos aprendido que hablar por nosotros y ser directos es grosero, agresivo, poco femenino o alguna otra tontería. Así que hemos aprendido estilos de comunicación que se adaptan a nuestros roles sin darnos cuenta de lo pasiva que es nuestra comunicación y cómo diluye o borra nuestro *no*, incluso cuando nos dignamos a expresarlo.

Pero no estamos solo insinuando como parte de nuestro patrón de comunicación: también lo hacemos para evitar conflictos y críticas y al mismo tiempo expresamos de manera silenciosa (o eso creemos) nuestro dolor, frustración y resentimiento.

Todas las personas adoptan un comportamiento pasivo-agresivo. No me mires de reojo, ¡es verdad! Cada vez que decimos que estamos «bien» pero luego hacemos muecas, actuamos de mal humor, seguimos quejándonos, enviamos mensajes breves, golpeamos la aspiradora por toda la casa suspirando con la esperanza de que nuestras familias levanten sus traseros del sillón y ayuden a ordenar (tos), esto es agresión pasiva.

La Era de la Obediencia nos enseñó a usar máscaras, así que, por supuesto, somos pasivo-agresivos. Hemos aprendido a proyectar cumplimiento mientras disfrazamos nuestros sentimientos reales y nos hemos acostumbrado a no hacer coincidir lo que hacemos de forma exterior con cómo nos sentimos de forma interior.

La agresión pasiva es enmascarar nuestros sentimientos ocultos de resentimiento, dolor y frustración y luego expresarlos sutil y no tan sutilmente con un comportamiento obstruccionista, resistente y conflictivo y al mismo tiempo negar que lo estamos haciendo si nos lo denuncian, posiblemente mientras señalamos nuestras buenas obras al mismo tiempo.

Cualquiera que sea la forma en que insinuamos, cuando la gente no responde como esperábamos, se refuerza la idea de que no tiene sentido ser honesto o que los límites están mal. Reducir las insinuaciones es crucial porque crea una comunicación más clara y delimitada, y dejamos de esperar que las personas lean la mente o piensen que podemos doblegarlas a nuestra voluntad.

Los hitos de la comunicación que tiene límites establecidos

¿Estoy aplicando bien los límites? ¿Está bien que yo tenga este límite? ¿Dije/hice lo correcto? Cuando tratamos de descubrir cómo decir *no* y ser más claros acerca de a qué decimos que sí en el proceso, la ansiedad sobre si estamos estableciendo límites «correctos» y la falta de comunicación pueden frenarnos. Un punto de referencia es una característica fácilmente distinguible que nos permite saber dónde nos encontramos. Puedes reducir las insinuaciones, y también sentirte más seguro en los límites que estás creando y en tu *no*, utilizando la siguiente guía. Son puntos de referencia de una comunicación que tiene límites establecidos:

Compasión. Este es un circuito cerrado: no somos tan compasivos si no nos incluimos en nuestra propia compasión. Se necesita vulnerabilidad, empatía y amabilidad. Cuando creamos nuestros límites con compasión, reconocemos nuestra humanidad, así como la de los demás, y reconocemos la necesidad de hacer lo correcto según la situación o relación. La compasión nos impide ignorar nuestros sentimientos acerca de algo y luego usar nuestra mente demasiado lógica para convencernos de que el problema somos nosotros.

Congruencia. Se trata de estar de acuerdo con quiénes decimos ser, qué estamos tratando de comunicar y nuestras intenciones para reducir los mensajes contradictorios hacia nosotros mismos y los demás. Cuanto más hagamos esto, más resultados exitosos disfrutaremos. Es reconocer dónde interiormente estamos en desacuerdo, reacios y resentidos, mientras que exteriormente aparentamos ser dóciles, o esperar que otros hagan lo que no estamos dispuestos a hacer por nosotros. Debemos ser lo que buscamos.

Claridad. En lugar de evitar llegar hasta el final y confiar en que otros descubran lo que queremos decir, nos esforzamos por ser más claros y directos, tanto de forma verbal como en acciones, y cuando nos damos cuenta de que no hemos sido claros, lo mejoramos para la próxima vez. La claridad requiere vulnerabilidad y asumir la responsabilidad de nuestros sentimientos, por lo que también debemos estar preparados para hacer preguntas según sea necesario en lugar de ser ambiguos o enterrar la cabeza en la arena. Cuando expresas lo que te funciona y lo que no, tienes que comunicar cómo te sientes y cómo te afecta en el comportamiento (a menudo omitimos esta parte) a través de tu forma de presentarte.

Propiedad. Es comunicarnos desde la perspectiva de ser adultos, lo que significa ser conscientes de nuestras responsabilidades. Tenemos que prestarnos atención en lugar de negar nuestros sentimientos o continuar interactuando sin límites y tratar de lograr que la gente cambie para que podamos sentirnos mejor con lo que estamos haciendo. Se trata de garantizar que lo que expresamos o afirmamos sobre alguien se base en el conocimiento, no en la proyección del pasado o de nuestros sentimientos y pensamientos, y que también utilicemos declaraciones en primera persona en lugar de centrarnos en los demás.

Gracia. Esto significa expresar nuestros sentimientos, creencias e ideas, así como expresar la verdad (o nuestras verdades) con respeto. Es ver los límites como una forma de hacer crecer una relación, no como un medio para gobernar a los demás. El uso del doble enfoque garantiza que nos mantengamos en nuestro propio camino y que no busquemos atención sin darnos cuenta (o intencionalmente) o maltratemos a otros, asumiendo de forma automática que nos harán daño si decimos que no.

Ordena tus *noes*

Ahora que hemos establecido que *no* no es una mala palabra, es fundamental reconocer que existen dos tipos de *no*.

> Un *no* «rotundo» es un no directo, y un *no* «suave» es cualquier cosa que pueda percibirse como un no indirecto o un uso del lenguaje para tratar de decepcionar lo menos posible a la otra persona.

Por lo general claro y conciso, un *no* rotundo puede resultar incómodo, no porque sea «malo», sino porque va al grano y es real, algo que podría sorprender al destinatario porque podría esperar mentiras. Es el que a menudo necesitas usar, pero temes o evitas porque no quieres parecer duro/grosero/difícil/egoísta/malo/frío y todos los demás juicios que te has hecho cuando te chantajeas de forma emocional y te cuestionas la forma en que haces las cosas. Rotundo no es igual a «hostil», pero puede sonar punitivo, abrupto u grosero si se expresa con exasperación después del uso excesivo de *sí* o *no* suaves.

Aunque un *no* suave no es necesariamente largo, tiende a ir acompañado de un nivel de detalle o relleno porque, conscientemente o no, sientes que necesitas respaldar el *no*. Esto está bien siempre y cuando seas asertivo en lugar de culpable. Cada uno conduce a resultados diferentes. Piensa en un *no* suave como lo que podrías usar con personas que conoces bien, lo suficiente como para estar seguro de que lo respetarán de inmediato. Pero también es lo que usarás cuando tengas miedo de ser asertivo con alguien (o en general).

También puedes usar el *no* suave como una táctica para ganar tiempo que te permita reunir el coraje (con suerte) para decir *no* y/o encontrar una excusa. A veces puede ser como un *no* a mitad de camino, en el que dices *no*, pero le dices a la persona que lo pensarás o que te llame (cuando es posible que no contestes el teléfono). Cuanto más vago o detallado sea tu *no*, más suena a *tal vez*. O suena turbio.

Utiliza un *no* rotundo cuando...

- La situación o persona requiere claridad y concisión. ¿La gente necesita la historia de tu vida o el desglose de tu agenda?
- A la persona le gusta de forma directa, sin rodeos u odiaría sentir que su petición te hizo sentir culpable o una mierda.
- Tienes experiencia en dar negativas suaves a esa pregunta o tema en particular y ya conoces el impacto en su bienestar y deseas ahorrarte el estrés.
- La petición es inapropiada e irrazonable, o ya has dado un *no* suave y todavía insisten. Un *no* suave (o complaciente) solo proporcionaría un alivio temporal de la ansiedad y retrasaría el inevitable *no*.

Usa un *no* suave con socios, amigos, familiares, compañeros de trabajo y personas similares que respeten tus límites de manera constante o cuando estés dispuesto a cambiar a un *no* rotundo si queda claro que es necesario.

- Podrías optar por un *no* suave porque quieres amortiguar el *no* con suficientes detalles para que la persona aún te siga teniendo en alta estima o para que el *no* no ponga en peligro la relación o las perspectivas futuras de conseguir algo. Aquí no hay dudas. ¡Todos lo hacemos! Conocer tus intenciones, tu «porqué», es importante porque si lo que sigue no refleja tus límites, necesitarás evolucionar tu *no* para que quede más claro.

- Si sigues hablando después de tres o cuatro frases, tu *no* no es solo suave. Es flojo. Pausa para respirar. Fíjate en la persona a la que le estás diciendo que *no*.

- Si te lleva mucho tiempo componer y reescribir lo que podría ser una respuesta de dos líneas, tu *no* es suave. Estás ansioso por algo o intentas controlar cómo te perciben.

- Si puedes decir tu *no* suave en menos oraciones, dilo en menos oraciones. La gente no necesita ni quiere el relleno.

- El *no* suave se usa mal y se malinterpreta cuando está lleno de detalles, excusas, disculpas, justificaciones e incluso drama que oscurecen las razones genuinas y sus límites. Conoce tus intenciones. ¿Estás intentando que la persona se arrepienta de haber preguntado para no volver a hacerlo? Cuestiona tu integridad. Tal vez tu lenguaje y comportamiento indican que te sientes culpable y estás abierto a la negociación. Esto último hace que la gente deshonesta casi se frote las manos de alegría ante la oportunidad.

- Si no es intencionado, no te limitas a usar el *no* suave y, en cambio, confías en él para controlar cómo te perciben los demás, tiene el efecto contrario, así que si quieres encontrar la alegría de decir *no* o las consecuencias de ello, sé intencionado en tu elección.

Si todavía te sientes incómodo con un *no* rotundo, intenta intercalar un *no* suave entre dos *no* rotundos. Por ejemplo, puedes decir: «Gracias por pensar en mí, pero no podré asistir. Tengo una agenda bastante apretada en este momento, así que estoy cuidando mi tiempo libre. Agradezco la invitación y espero que vaya bien, pero no podré asistir».

Lo que descubres cuando incorporas algunos *no* rotundos a tu vocabulario es que muchos los aceptarán, por lo que te ahorrarás muchas reflexiones excesivas y conversaciones largas o incómodas. También evitará que huyas de tu teléfono o te escondas detrás de las columnas porque temes que te vuelvan a preguntar. En los casos en los que se hagan más preguntas, puedes agregar algunos detalles.

En lugar de ver el *no* como decepcionar a alguien (y luego esforzarse en decepcionarlo de forma suave y no «rotunda»), trata todos los *noes* como si respetaras a las personas lo suficiente como para hacerles saber cuál es tu posición.

«¿QUÉ QUIERES DECIR CON ESO?»

Estas cinco palabras mágicas son una verificación asertiva de la realidad que te permite reconocer tu incomodidad o incertidumbre acerca de algo y ganar claridad. *¿Qué quisiste decir cuando dijiste [repite lo que dijo lo más textualmente posible]? ¿Qué quisiste decir cuando [inserta una breve descripción objetiva de lo que hizo]?* En las relaciones íntimas que valoras, hacer esta pregunta te impide sacar conclusiones precipitadas y fomenta una mayor intimidad. Repetir lo que alguien dijo o describir su comportamiento les ayuda a ver la realidad y cómo se les percibe, no cómo creen que se presentó en su imaginación. También significa que alguien que confía en que las personas no sean asertivas y se pregunten cuál podría ser su comportamiento turbio tiene que reconocer lo que dijeron o hicieron o aclarar lo que quisieron decir.

Los hechos funcionan para gente tramposa

No importa si lo insinúas, lo pintas con espray o lo dices de forma clara y «amable», hay algunas personas en tu vida que no están interesadas en mantener una dinámica saludable contigo trabajando su comportamiento. La trampa en la que caen muchas personas es que siguen tratando de apelar al lado emocional de esta persona y a su conciencia, sin darse cuenta de que esto los expone a más daño y es el equivalente a lanzar su balde en un pozo vacío y preguntarse por qué sale vacío. Detén la locura y apégate a los hechos.

Para los insidiosos y con tendencias narcisistas, los hechos son como el ajo y la luz del día para los vampiros. Usa el enfoque basado en hechos para ser menos vulnerable al *gaslighting*, pero también para ayudarte a reconocer cuándo te están intimidando y aplicando sus tácticas coercitivas y abusivas. Solo trata con hechos.

- Tú dijiste…
- Tú hiciste… (describe de forma objetiva lo que hicieron).
- Describe el problema y conéctalo con el impacto o consecuencia.
- Menciona fechas.
- Haz un seguimiento de las cosas que acordaron y envíalo por correo electrónico.
- Cuando intenten llevar la conversación hacia un desacuerdo lateral, sacando a relucir cosas viejas o cambiando las cosas, no te dejes convencer: apégate a los hechos.

Aquí hay algunos ejemplos de declaraciones:

- «Cuando me gritas y me insultas, no solo es una forma inapropiada de expresar algo, también me siento desmoralizado y molesto». También podrías agregar: «Para mí es muy importante una relación de respeto mutuo. Por mucho que te ame y me preocupe, no podré continuar en esta relación si me gritas y me insultas cada vez que tenemos un desacuerdo».
- «Acordamos reunirnos a las siete y media, no a las ocho y media, y eso significa que voy a tener menos tiempo porque ya tengo un compromiso a las diez».
- «Cuando llegas tarde, me dejas esperando y es muy frustrante».
- «Dijiste que ibas a llamar a las tres y ahora son las cuatro. Tendrá que ser una llamada rápida porque tengo una reunión». Y luego seguir adelante.
- «Me pregunto si hablas en serio porque te retractaste de lo que dijiste y de lo que acordamos».

Otros consejos incluyen:

- Evita decir «Tú siempre» o «Tú nunca» porque se aprovecharán de esto e inmediatamente echarán por tierra tu argumento al inventar algo o mencionar aquella vez en 1982 cuando creen que hicieron algo que refuta tu afirmación.
- Aunque es comprensible que estés molesto por sus acciones, si te concentras solo en eso y no comienzas con los hechos, ellos cuestionarán tu evaluación de las cosas o cambiarán la idea y se enfadarán contigo por tus comentarios. Por ejemplo: «Me haces sentir tan insuficiente. ¿Por qué no soy lo suficientemente bueno para ti? ¿Qué

hice mal?» no expresa «me has mentido sobre XYZ y te estás tomando demasiadas libertades al hacer ABC».

Cuando te ciñes a los hechos con personas que los odian, se vuelven conscientes de tus límites y se dan cuenta de que no pueden molestarte.

No es que debas dejar de tener emociones, pero debes dejar de actuar como si vinieras del mismo nivel de conciencia o como si ambos quisieran las mismas cosas.

Récord batido

Como complaciente, puede ser insoportable cuando la gente no nos acepta en nuestro primero, incluso quinto *no*, y esto puede desgastarnos y hacer que digamos que sí para quitárnoslos de encima. Por supuesto, este tipo de sí solo nos causa dolor y problemas. Con la estrategia del «disco rayado», una técnica común de asertividad, te comunicas de una manera que te respalda siendo más persistente de una forma tranquila y respetuosa que refuerza tu punto.

El objetivo es expresar con claridad lo que necesitas decir de la manera más tranquila y relajada posible. El objetivo final es que escuchen, acepten tu respuesta y retrocedan.

Considera el siguiente ejemplo de conversación:

> **Compañero de trabajo:** Uf, necesito ayuda en este proyecto [y continúa con una explicación en la que se da cuenta de que es demasiado para ti].
> **Tú:** Entiendo que estás estancado, pero según todo lo que buscas hacer, no podré ayudarte esta vez.
> **Compañero de trabajo:** Sé que parece mucho, pero eres tan brillante y rápido en algunas cosas que estoy seguro de que no sería

demasiado para ti. Nos divertiremos juntos y estoy seguro de que [al jefe] le quedará bien. Vamos, por favor...

Tú: Gracias, pero realmente no puedo. Tengo mucho que hacer y no hay manera de que yo pueda encargarme de todas esas cosas también. No quiero esforzarme demasiado y terminar decepcionándote a ti o fallando en mis otros proyectos.

Compañero de trabajo: Me cuesta imaginarte en esa situación. Estoy seguro de que todo estará bien.

Tú: Supongo que no estoy siendo lo suficientemente claro, pero en realidad no puedo aceptarlo.

En este punto, puedes sugerir una persona alternativa o podrías decir: «Como dije, no hay manera de que pueda asumir eso, y agradezco que tengas tanta fe en mis capacidades, pero si estás todavía estancado una vez que haya cumplido mi propia fecha límite, podría ayudarte con [elementos específicos del proyecto en lugar de todo]».

Si la solicitud proviene de una fuente respetuosa y es algo que, con más discusión, podría respetar cada una de tus necesidades y expectativas, entonces potencialmente podréis encontrar una solución intermedia.

Es comprensible que te sientas nervioso, en especial si no estás acostumbrado a decir *no* o si la persona es engatusadora, persistente, incluso petulante. A medida que repites y evolucionas la afirmación de tu posición, el nerviosismo a menudo se disipa, sobre todo porque al estar en el presente, eres consciente de lo que está pasando y de cómo la persona que no respeta tu *no* actúa desde su bagaje, no basándose en la validez de tu *no*. Reconoces que, sin importar lo que digan o hagan, tu respuesta sigue siendo que *no* puedes satisfacer su petición debido a que reconoces tus límites.

Adopta límites saludables

- Ten expectativas realistas de tu *no*. Tus límites son para ti ante todo, no para tratar de controlar a los demás. No importa lo válido sea tu *no*, no importa si lo dices de forma amable, la gente no siempre responderá como te gustaría. No tienen que responder «bien», y si no lo hacen, tiene más que ver con su bagaje y posiblemente con no estar acostumbrados a escuchar un *no* de tu parte.

- A veces tendrás que decir no más de una vez, aunque, en teoría, las personas deberían saber cuándo esperan demasiado o están fuera de lugar. Pero no lo hacen porque son humanos, incluso si lo hacen, estos son sus límites, por lo que necesitas comunicar lo que funciona y lo que no funciona para ti.

- Prepárate para el éxito, no para el fracaso. No dispares todas las armas ni actúes y pienses como si te fueran a pasar por encima. Recuerda que está más que bien decir *no* y que se trata de tener un interés en tu vida, no de lograr que las cosas salgan como tú quieres.

- Respira profundamente si es necesario. A algunas personas les resulta útil contar hasta diez y luego volver a contar hasta uno para estabilizarse.

- No te concentres en decepcionar a las personas suavemente porque así involucras a la persona que te complace y tratas de asumir la responsabilidad de sus sentimientos y comportamiento. También refuerza la creencia subyacente de que *no* hiere los sentimientos de las personas.

- A la mayoría de las personas, incluso si no se dan cuenta hasta que lo ven en retrospectiva, les gusta saber cuál es su posición. Las únicas personas que no lo saben son las que aprovechan de que tú no sepas cuál es *tu* posición.

Solución de problemas «no»

Me he dado cuenta de que algo no funciona para mí, pero no me siento preparado para decírselo a la persona ni para afrontar sus sentimientos al respecto. ¿Qué digo si me preguntan si algo anda mal?

Siento empatía y hay muchas posibilidades de que con el tiempo te sientas más preparado. Ese espacio puede parecer un límite que debes respetar. Pero no esperes a sentirte cien por cien preparado porque la mayoría de las personas, a menos que sean del tipo que se pelearía con una bolsa de papel, no tienen prisa por arriesgarse a conflictos o críticas. Aquí está la clave: en el momento en que la persona pregunta, no lo niegues* porque eso es *gaslighting,* algo de lo que todos los humanos somos culpables a veces. Cuando niegas la realidad de otra persona, haces que dude así que no le digas que todo está bien cuando, por ejemplo, has estado ignorando sus mensajes de texto y llamadas o estás a punto de terminar la relación. Pero eso no significa que tengas que decirlo todo. «Tienes razón. He estado [reconocer lo que han notado]. Estoy pasando por algunas cosas en este momento y necesito tiempo para resolverlas. ¿Podemos ponernos al día la próxima semana?». O, si ya lo sabes y estás tratando de evitar la confrontación, expresa lo mejor que puedas lo que está pasando.

Dejé de insinuar y dije directamente lo que me molestaba, y nada ha cambiado. ¿Qué quiere decir esto?

Bien hecho por hablar. Sé que debe haber sido incómodo. El hecho de que no hayas visto un cambio inmediato no significa

---

* Si esa persona es abusiva y temes por tu seguridad, hay una razón legítima para no decir algo, de modo que puedas salir de la situación de manera segura sin que se vuelva violento o recurra a su encanto para engatusarte para que te quedes.

que fuera una pérdida de tiempo hablar. Apareciste. Te estás esforzando por ser más honesto. Sigue adelante. Está muy bien hacerle saber a alguien cuando algo no funciona para ti, pero eso no significa que se sentirá obligado o en condiciones de cambiarlo. Vienen de un nivel diferente de conciencia y es posible que no vean tus intenciones y acciones con los mismos ojos que tú. En lugar de centrarte principalmente en lograr que cambien y modifiquen su comportamiento para que tú se sientas mejor, sigue haciendo lo que necesitas hacer por ti para sentirte mejor. Eso te dará una idea más clara de cómo deseas proceder y te permitirá ser dueño de parte del límite. Asegúrate de que cuando comuniques lo que te molesta, también, cuando puedas, expreses lo que se necesita cambiar o qué es lo que necesitas o deseas. A menudo, la gente omite esa parte.

Tiendo a sentirme confundido cuando sé que necesito decir *no*. ¿Qué está pasando aquí?

Muchos complacientes tienen el patrón de sentirse confundidos en situaciones en las que necesitan, quieren o deberían decir *no*. No es solo parte de su respuesta de lucha-huida-congelación, sino también su hábito de etiquetar los sentimientos que surgen en estos contextos. A lo que debemos prestar atención es a dónde nos hemos acostumbrado a decir que estamos confundidos como estrategia para evitar nuestros sentimientos de incomodidad o la verdad sobre lo que está haciendo la otra persona.

Amo a esta persona, pero realmente me decepcionó. Lo hemos hablado detenidamente, pero el problema vuelve a surgir cuando dice o hace algo que me hace pensar que todavía no lo entiende. ¿Qué me he perdido?

Sigue surgiendo porque, aunque hayas expresado una parte o todo tu malestar, hay algo que has evitado decir de forma explícita por miedo a herir sus sentimientos o a consecuencias negativas. Hay algo sobre lo que has estado dando vueltas o no está claro qué es lo que necesitas o quieres que suceda a continuación. Y luego te muestras resentido y molesto cuando crees que los has perdonado y que siguen siendo insensibles. Di lo que hay que decir para que ambos lo entiendan. Permitir la posibilidad de conflicto es parte de la intimidad. No es que tengas que estar en desacuerdo todo el tiempo, pero debes saber que cuando lo necesitas, podrás hacerlo y lo harás. Permítete ser visto y escuchado para que puedas darle la vuelta a esta experiencia.

Cada vez que hablamos, mis padres vuelven al tema del matrimonio y que quieren nietos. No han parado, a pesar de que me hacen sentir claramente incómoda. ¿Qué puedo decirles?

Un guion de muestra podría ser el siguiente: «Cuando hablamos y tu enfoque principal es [preguntar por qué no tengo una relación, no estoy casado todavía, cuándo te voy a dar un nieto o compararme con los hijos de tus amigos], me da la sensación de que no estás interesado en mí y que te estoy decepcionando y fallando. Ese no es un sentimiento agradable, y tampoco me gusta temer tus llamadas o sentirme nervioso por pasar tiempo contigo y tener que defender quién soy. Incluso si no es lo que pretendías, necesito que dejes de intentar hacerme sentir mal para lograr que sea quien quieres que sea. De lo contrario, afectará nuestra relación y me sentiré resentido. Valoro nuestra relación y quiero sentir que [puedo disfrutar de pasar tiempo contigo], y por eso te digo esto».

Mis padres siguen quejándose de mi hermano conmigo o esperando que tome partido. ¿Qué tengo que hacer?

Son malos límites que los padres interfieran y manipulen las relaciones entre hermanos. Crea culpa, vergüenza y división.

Tus padres necesitan encontrar a alguien más con quien quejarse, en especial cuando quieren que tomes partido o cuando eso interfiere en tu relación con tu hermano. Los hermanos tienen derecho a quejarse unos de otros de sus padres, pero los padres, dada su autoridad y posición, no pueden hacer eso con sus hijos, ni siquiera con los adultos. También puedes decir: «Mamá/papá, entiendo que las cosas sean difíciles entre tú y [hermano], pero yo no puedo involucrarme en esto». Prueba la estrategia del disco rayado diciendo: «No quiero discutir/participar en esto». Recuerda, otras personas también tienen cargas y, a menudo, la razón por la que un padre hace esto, además de ser un hábito, es que sucedió en su dinámica familiar.

¿No estoy provocando más conflictos en mi vida al ser más directo?

Asociar la franqueza con el conflicto proviene de nuestro condicionamiento social. Nos hace bloquear nuestros sentimientos y temer ser desobedientes, por lo que tenemos poca tolerancia a la incomodidad en torno a posibles conflictos y críticas. Esto crea expectativas poco realistas de decir *sí* y *no*. Si siempre eres indirecto o dices *sí* incluso cuando quieres decir *no*, estarás en constante conflicto contigo y provocarás más dolor y problemas. ¿Por qué aparentas mantener la paz cuando estás en guerra contigo en silencio?

13

Aprende de los estallidos y desafíos

Cuando comparto historias de este periodo de diecisiete años (y siguen sumándose) de mi vida en el que me he estado recuperando del ciclo de complaciente, la gente a menudo percibe erróneamente que conocí a mi ahora esposo en esos primeros ocho meses y que luego tuve dos hijos como mi final feliz. Estas suposiciones responden a una idea errónea común de que solo necesitamos trabajar por nuestra cuenta o anunciar nuestros límites y luego, cuando conseguimos lo que queremos, el trabajo está hecho.

Lo que aprendí e hice en esos primeros ocho meses fue como hacer un curso de repaso acelerado y pensar: «Mmmm, resulta que puedo hacer estas cosas y he probado cuánto mejor puedo sentirme yo y mi vida. No sé lo que me espera, pero me comprometeré con el curso profundo de por vida y veré adónde me lleva».

Y a lo que me ha llevado es a experimentar tanta alegría y también a ponerme a prueba hasta lo que a veces me ha parecido el máximo absoluto.

La maternidad y ser pareja me pusieron cara a cara con cómo a menudo postergaba de forma automática (e innecesaria) mis necesidades y no pedía suficiente ayuda, entre muchas otras cosas. El trabajo por cuenta propia arrojó una luz de megavatios sobre mi perfeccionismo y mi agrado a la gente, obligándome a poner límites, a mí misma en particular, y a afrontar mi miedo al rechazo y al fracaso.

Pero hay un momento decisivo en este viaje que marcó el comienzo de varios años de lo que parecía un camino de pruebas: la boda y la eventual decisión de que tanto mi padre como mi padrastro me acompañaran hasta el altar.

Por muy hermoso que fuera ese día, marcó el final de la pretensión de que la ausencia y el abandono de mi padre no me habían destrozado (a mí y al vínculo). Pasaron unos meses antes de que me diera cuenta de que mi padre y la mayor parte de ese lado de la familia se habían distanciado de mí, y desató un dolor y una ira profundamente enterrada que pasé los siguientes cuatro años abordando (con diversas terapias) y viviendo y lidiando con otros estallidos y desafíos que se presentaron en mi camino.

Me sentía como si me estuviera estabilizando, y luego vendrían más cosas, como el enfrentamiento con mi suegra y recibir el trato silencioso de mi madre durante un año porque mis límites no se ajustaban a sus expectativas. O cuando uno de mis hermanos y mi cuñado estuvieron gravemente enfermos al mismo tiempo mientras trataban con un propietario racista cuando vendían una casa y compraban otra. Fue esforzarme para lograr más y sentirme no reconocida y, a veces, tener un tinnitus tan fuerte (cuando escuchas sonidos, aunque no estás escuchando algo externo) y sentirme tan frustrada con eso y conmigo por no poder lograrlo… que me deprimí. Luego me tocó recibir la llamada de mi madrastra sobre el cáncer de mi padre, reconectarme con él y sostener su mano cuando murió diez meses después con la mayor sonrisa en su rostro. Me tomé un par de meses de descanso después de su fallecimiento y traté de volver a la «normalidad», solo para descubrir que no tenía suficiente ancho de banda para hacer todo lo que solía hacer, así que tuve que reducir el ritmo y hacer menos cosas, y pasar más de dos años sintiéndome «perdida» solo para tropezar con más alegría en el camino. Y así continúa…

Hay trampas muy comunes en las que podemos caer en nuestro camino de recuperación, incluidas las siguientes:

- Esperar tener que decir *no* a algo solo una vez.
- Esperar poner un esfuerzo mayor para establecer límites durante unos meses o durante un periodo difícil y que esto debería cuidarnos para siempre sin más límites consistentes.
- Esperar que las personas se den la vuelta y agradezcan que finalmente hayamos hablado después de reprimirnos o de señalar algo en lugar de reconocer que experimentarán malestar y reaccionarán desde donde estén con su propio bagaje emocional.
- No esperar rechazo si lo dijimos o preguntamos amablemente o si nuestro límite es válido.
- Creer que, como hemos hecho este trabajo personal, no deberíamos encontrarnos con viejos problemas y desafíos o que estos deberían ser más fáciles, y luego sentirnos fracasados o desilusionados con los límites.
- Sobrepasar los límites al esperar que las personas hayan cambiado y estén dispuestas a tener más límites debido a lo que estamos haciendo.
- Pensar que tenemos todo bajo control y luego sentirnos heridos cuando sucede algo a pesar de nuestros mejores límites.
- No esperar que la gente diga *no*.

Aunque hayas hecho todo lo posible para ser una buena persona o hayas empezado a decir *no*, experimentarás desafíos y, a veces, estallidos. Y ya sea durante estos eventos o después, incluso en los meses o años siguientes, aprenderás de estos desafíos, a veces de forma voluntaria y otras con los dientes apretados o pataleando y gritando mientras intentas aguantarte el querer tener la razón o añorar cómo solían ser las cosas.

A veces tomarás la decisión, quizá en una fracción de segundo, de coger un atajo para conseguir o evitar algo, incluso podrías olvidar que tomaste esa decisión, pero tus límites no, por lo que podría volver a ti de alguna manera. Esto no se debe a que estés siendo castigado. Nuestras acciones e intenciones, tanto las conscientes como las inconscientes, tienen consecuencias. Como dije antes, cómo hacemos algo es cómo hacemos muchas cosas. Es una metáfora de cómo abordamos la vida. Si tendemos a saltarnos nuestras necesidades básicas, como ir al baño, comer, dormir y descansar de forma regular, es porque nos saltamos a nosotros mismos. Cuando experimentamos estallidos y desafíos, nos vemos obligados a tener un poco más de cuidado, a dejar de saltarnos las pequeñas cosas que pueden conducir a las grandes.

Aprende de los estallidos y los desafíos según tu estilo de complaciente

Los **buenos** tendrán que enfrentarse a las limitaciones de su imagen y aprender a aceptar que no siempre agradan o no siempre tienen la razón.

Los **esforzados** tendrán que enfrentarse a las limitaciones de su ancho de banda mental y aprender que deben aceptar hacer menos.

Los **evasivos** tendrán que enfrentarse a las limitaciones de postergarse siempre y aprender a aceptar el hecho de incomodarse a sí mismos y a los demás.

Los **salvadores** tendrán que enfrentarse a las limitaciones de no estar ahí para los demás y aprender ponerse a sí mismos en primer lugar.

Los **sufridos** tendrán que enfrentarse a las limitaciones de depender de ser victimizados como identidad y aprender a permitirse ser felices.

Atravesar y procesar los estallidos

Reprimirte es como ser una olla a presión que lleva demasiado tiempo en el fuego. Todos tus sentimientos no expresados, tu enojo por tus viejos dolores y pérdidas, se vuelven hacia dentro o hacia otra persona, incluso un grupo de personas, lo cual es altamente corrosivo para tu bienestar y tus relaciones íntimas.

Estallidos: (son donde tú o tu vida *implosionan*, por lo que atraviesas una crisis interna y tu cuerpo se detiene en seco o todo en tu vida parece colapsar de inmediato o en un periodo relativamente corto; o son donde tú o tu vida *explotan*, por lo que desatas o te comportas de manera inusual) ocurren porque has llegado al máximo después de suprimir y reprimir tus necesidades, deseos, expectativas, sentimientos y opiniones. Ya no puedes contenerlos y la explosión es una parada difícil en la que has luchado por detenerte o reducir la velocidad.

La explosión es el resultado de pasar demasiados semáforos en rojo. Tu cuerpo (tu vida) intenta advertirte de manera sutil al principio y luego, poco a poco, aumenta la apuesta para intentar llamar tu atención. Y si sigues ignorándote, llegas a la explosión. Te estrellaste.

Esto es similar a nuestras experiencias de dolor y enfermedad, algo que llegué a comprender después de haber tenido

una enfermedad crónica (sarcoidosis) y luego de haber luchado contra el tinnitus durante varios años. Mi acupunturista de
los cinco elementos y maravilloso sabio y mentor, el fallecido
Silvio Andrade, me explicó durante uno de esos momentos en
los que, una vez más, estaba llorando sobre él sintiéndome
frustrada con mi cuerpo que donde experimentamos dolor o
enfermedad no es necesariamente donde comenzó y es en respuesta a desequilibrios en el cuerpo. Antes de sentir el dolor,
obviamente fuera de una lesión o de que nos sintiéramos mal,
nuestros cuerpos daban señales y advertencias más pequeñas
de que algo andaba mal; pero es posible que hayamos estado
tan ocupados, tan atrapados en los asuntos de otras personas,
que no lo notamos o lo ignoramos.

Como cuando me encontré un bulto duro en el dedo en el
verano de 2003 y lo aparté al fondo de la mente porque había roto mi compromiso, comencé un nuevo trabajo y estaba
envuelta en una aventura con un compañero de trabajo que
tenía novia. Después de toda una vida de estrés emocional
enterrado que se había manifestado en varias otras enfermedades, este síntoma en particular señaló que la crisis estaba
en mi sistema inmunológico. Unos meses más tarde, apenas
podía ver con un ojo y seguí aceptando a los médicos que me
despacharon, y finalmente empeoró tanto que terminé en el
hospital, y las pruebas y las radiografías mostraron cómo
estaba plagada de bultos y otros síntomas. Y cualquiera pen-
saría que todo eso sería suficiente, pero varios meses después,
un viernes por la noche tuve un terrible ataque de pánico en
una de las calles más concurridas del centro de Londres. El
hombre con el que estaba teniendo una aventura me estaba
acosando porque mis colegas masculinos me hablaban, y la
experiencia y las secuelas fueron tan traumáticas que el solo
hecho de estar cerca de él me provocó pánico, dejándome sin
otra opción que mantener la distancia. El cuerpo llamó, yo

no escuché y por eso me obligó... una y otra vez, debo añadir.

El error que muchos cometen cuando explotan es culparse y avergonzarse. Ya sea que ya no puedan afrontar sus vidas de forma emocional, mental y física, y experimenten depresión o una crisis nerviosa; ya sea por no poder cumplir con las expectativas de otras personas y sentir que están decepcionando a todos y siendo una carga o un fracaso; ya sea por cómo se comportaron con los demás o expresaron su enojo, sienten que cualquier cosa que esté sucediendo es una prueba de que los límites están mal, de que las personas no pueden manejar la asertividad y de que sus cuerpos les están fallando. Luego siguen castigándose, impidiéndose acceder al apoyo que necesitan o descansar y recuperarse. Y así continúa el ciclo del complaciente.

Incluso si algunos parecen superar lo sucedido porque consideran la explosión como un fracaso o una fuente de vergüenza, temen que vuelva a ocurrir. Sienten que tienen que ceñirse de forma rígida a cualquier rutina de cuidado personal que establezcan, por temor a que, si se saltan un día o un elemento, los llevará rápidamente de vuelta a la explosión central. O van de puntillas alrededor de ellos y de los demás, temerosos de su *no* y pensando demasiado y poniéndose en lo peor. Es posible que tengan miedo de querer algo o de exponerse a resultar heridos en caso de que no puedan afrontarlo, por lo que evitan las relaciones o aceptan un trabajo en el que no se sientan demasiado presionados. Y esto está bien por un tiempo porque podría ser exactamente lo que necesitan, pero, cuando se convierte en una forma de purgatorio para la antigua explosión y el escondite, no es saludable.

Aunque puedas sentir vergüenza (esa sensación de ser una mala persona y que lo que sientes, piensas, haces o experimentas significa que no eres digno de conectarte, de satisfacer tus necesidades o de tener una perspectiva diferente), no te quedes ahí. No lo alimentes. Incluso si no te sientes en condiciones de hacer mucho por ti, regresa al paso 2 (página 159) y pregúntate: «¿Cuál es el problema detrás de esto?». Y luego pregunta: «¿Qué es lo que necesito?» y mira lo que te viene a la cabeza. A partir de ahí, podrás descubrir poco a poco cómo satisfacer de forma auténtica esta necesidad, ya sea literalmente haciéndolo tú, expresando esa necesidad a una persona segura o permitiéndote acceder a recursos y apoyo.

Esta explosión, por más horrible que parezca, te está ayudando a sentirte más vivo. Es posible que no vuelvas a encajar en tu antigua vida y que te resulte difícil hacer todas las cosas que hacías anteriormente. No entres en pánico. Date tiempo. Pero también reconoce que tal vez no tenías que hacer todas las cosas y date la oportunidad de descubrir en quién podrías convertirte si te dieras permiso para hacer menos y recibir ayuda, apoyo e intimidad.

Tienes que sentir para sanar, y cuando no te permites sentir, estallas. Así que toma la explosión y úsalo para reconectarte, para recuperar y reclamar tu *no*, para que puedas reclamarte a ti mismo. Aquí hay algunas preguntas que te ayudarán a descubrir qué está pasando:

- ¿A qué puedo decir *no* ahora mismo que me dará el ancho de banda para estar aquí para mí y limitar un mayor impacto negativo de [lo que pasó o está ocurriendo]? Ahora que estoy pasando por esto, ¿qué es lo que necesito detener o poner en pausa mientras controlo las cosas?
- ¿Dónde he superado mis límites y mi ancho de banda tratando de ser todo para todas las personas?
- En retrospectiva y reconociendo lo que estoy experi-

mentando, ¿dónde he abusado de mí (o permitido que otros lo hagan)?

- ¿Dónde me he aferrado a una identidad, un rol o una relación o situación dolorosa o insatisfactoria porque tengo miedo de mi potencial y de quién podría ser?

- ¿Dónde me odio por no ser mi yo perfecto e idealizado, y cómo puedo ser incluso un poquito más amable conmigo y reconocer mi humanidad?

- ¿Qué he estado haciendo para anestesiarme contra los efectos de complacer a la gente y evitar decir *no* (por ejemplo, llevar todo esto al extremo: beber, comer, hacer demasiado ejercicio, ir de compras, apostar, llamar la atención en aplicaciones de citas, ligar)? ¿Y esto qué me dice que necesito?

- ¿Dónde no me gustan las consecuencias de un viejo *sí* y por eso guardo rencor, posiblemente porque me siento impotente ante la otra persona o siento que fallé, y cómo puedo alejarme de la culpa y pasar a la responsabilidad?

> Reconoce tu dolor y, en lugar de reprimirlo o juzgarte, siéntate junto a él. Permítete obtener apoyo y desarrollar prácticas porque estar abierto puede sentirse como estar desnudo en el frío. Tendrás que priorizarte y dejar que la gente te ayude, lo que implicará ser la «carga» que temes para que puedas deshacerte del antiguo rol y dejar de fingir que no tienes necesidades.

Los estallidos ponen en primer plano el dolor no expresado, el bagaje emocional no procesado, al sacar a la superficie tu antiguo dolor, miedo y culpa de tal manera que no te queda más remedio que afrontarlo. Aunque no es deseada y puede ser increíblemente incómoda y dolorosa, la explosión te abre de par en par y te obliga a sacar y ordenar parte de tu bagaje emocional para que puedas recuperar parte de tu ancho de banda y recuperarte a ti.

La ira es una emoción válida que te alerta sobre dónde has experimentado una injusticia (o dónde sientes que la has experimentado). A veces, esa injusticia serán las acciones de otras personas y, a veces, es lo que te has hecho a ti mismo. Adopta muchas formas, incluidas la irritación, la frustración y la victimización, y también contiene el miedo, la sensación de estar amenazado que te impulsa a protegerte luchando, huyendo o congelándote.

La ira a menudo se asocia con la maldad o su versión más intensificada, la cólera, que imaginamos como violencia hacia un entorno o hacia otra persona. Pero ser complaciente es la ira silenciosa de nuestro yo enterrado que logramos mantener bajo control hasta que ya no podemos.

Sin embargo, la ira es una emoción válida y necesaria. Es una de muchas que experimentas, y ninguna es más importante o aceptable que la otra. Solo son emociones. Todas tienen información útil que te alerta sobre tu estado interior y lo que potencialmente está sucediendo a tu alrededor para que puedas descifrar lo que necesitas; de ahí la inteligencia emocional.

Tus sentimientos, si los sientes de forma constante, te ayudan a reconocer los sentimientos propios y de los demás, a orientarte y esforzarte para actuar y a comprender lo que está sucediendo.

Ser complaciente adormece tus sentimientos. Si imaginas todos tus sentimientos como una de esas viejas centrales telefónicas, te comportarás como si pudieras seleccionar los sentimientos agradables, socialmente aceptables y de gratificación instantánea e ignorar el resto. Pero el ser complaciente y toda la evitación que ello conlleva es el equivalente a accionar el interruptor principal para apagarlos todos.

Si has rechazado (adormecido) o apagado (amortiguado) tus sentimientos, no puedes sentir tus límites, por lo que no puedes sentir y responder a tus necesidades ni tener una conexión y evaluación real y honesta de tus deseos, expectativas y pensamientos. En esas ocasiones en las que reconoces sentimientos, incluso si no sabes cuáles son, a menudo se intensifican, lo que puede hacer que los cierres apresuradamente o les atribuyas un significado e historia incorrectos. Es como si no pudieran creer que se estuvieran ventilando y vinieran corriendo. También de forma inconsciente harás cosas para sentirte vivo temporalmente que pueden resultar autodestructivas y exacerbar o crear desafíos.

Los sentimientos también son el camino hacia la interdependencia, donde eres independiente de forma saludable pero también puedes depender de los demás sin perderte a ti, a diferencia de la codependencia donde no sabes dónde terminas y comienzan los demás o tienes tanto miedo de salir lastimado que tú mismo te sacas.

Has pensado que puedes eludir la vulnerabilidad evitando sentir demasiado y ser y hacer lo que puedas para limitar o evitar por completo el conflicto, la crítica, la decepción, la pérdida y el rechazo. Pero evitarlos es evitar la vida. Son los inevitables de la vida. No es que los experimentemos todo el tiempo, pero se supone que debemos experimentarlos, y sin ellos no experimentaremos alegría. *Permitirnos experimentar alegría es estar dispuestos a decir y recibir un no; es estar presente en la vida.*

Cuando puedas, tómate más tiempo del que te sientas cómodo para recuperarte de un estallido. Te lo agradecerás cuando vuelvas a tu rutina

> normal y te des cuenta de que aún no estabas
> preparado.

Atravesar y procesar los desafíos

Como complaciente en recuperación, acostumbrado a asociar lo que pasa con algo que hiciste (o no) o queriendo que todo vaya sobre ruedas, serás autocrítico cuando surjan desafíos, pensando que son injustos e injustificados. Una parte de ti dirá: «Esto no es justo. Hice todas las cosas. Soy buena persona. No he hecho nada malo. No puedo creer que hayan dicho o hecho eso, aunque yo...». Francamente, a veces un desafío acabará con tu paciencia y te hará querer gritar por estar fuera de control o por tener más control del que te gustaría en ese momento.

> Los desafíos son situaciones, deseadas y no deseadas, que ponen a prueba tu carácter, tus hábitos de pensamiento y comportamiento y tu ancho de banda.

Los desafíos, por frustrantes, molestos e incómodos que sean, son oportunidades para mejorar tus límites de alguna manera y cuidar de ti.

A medida que te familiarices con los desafíos que aparecen en tu vida, dejarás de tomártelos de forma tan personal y profundizarás un poco más en tu autocontrol. A través de los desafíos, afrontarás aquello que ni siquiera sabías que necesitabas afrontar o que no sabías que estabas evitando, y así sanarás, crecerás y aprenderás de alguna manera, incluso si no lo reconoces hasta que lo hagas. Hemos avanzado en el camino y mirando hacia atrás. Como resultado de los desafíos, identificarás las cosas que necesitas ser, hacer, decir o tener, y las descubrirás a medida que avances.

Pero es crucial reconocer que, aunque como resultado de algo por lo que estás pasando, digas *no* de maneras que te acerquen a ti, a veces un desafío es un evento de la vida o un conjunto de eventos que te llaman para sentir tus sentimientos y llorar. Sí, a menudo reconocemos cómo algo es o fue una bendición disfrazada. Pero, a veces, aunque seamos más nosotros mismos de formas que no imaginamos, lo que pasó es una mierda. Y está bien reconocerlo.

Creo de todo corazón en la gratitud, ese aprecio por lo que tienes, y en reconocer cómo algo no deseado también te ha dado algo que sí quieres o que sí aprecias, a veces con los dientes apretados. Pero si sucede algo desagradable y te apresuras a decir «esto es una bendición disfrazada y estoy muy agradecido», entonces, pasas por alto tus experiencias y emociones reales. Claro, es posible que te sientas agradecido en el futuro, pero primero debes estar enojado. Tienes que permitirte experimentar una gran cantidad de emociones de forma gradual.

Si miras la escala de las emociones, no puedes pasar de la ira directamente a la alegría.[1] A lo largo del camino, cuando sientes tus sentimientos y a veces intentas reprimirlos y luego vuelves a sentirlos, y cuando dices *no* y *sí*, experimentarás dudas, preocupaciones, agobio, frustración, aburrimiento, esperanza y entusiasmo, entre otros sentimientos. Puedes salir y lo harás, pero date tiempo.

Está bien encontrar desafíos difíciles. Pueden ser muy desencadenantes y, a veces, sientes como si fuera una cosa tras otra y quisieras acostarte y hacerte un ovillo y esperar a que todo pase. Es posible que tenga dificultades para no saber todos los pasos o lo que sigue; quizá odies no tener un plan o no saber cuál es tu camino y que busques que cualquier cosa o cualquiera te diga qué hacer. Es como «¿qué pasa si digo sí o no a algo equivocado? ¿Cómo se supone que voy a saber a qué debo decir no si ni siquiera sé qué demonios quiero?».

Noticia de última hora: se supone que no siempre debes saber lo que quieres, sobre todo debido a las presiones sociales y el condicionamiento. Has sido programado para desear ciertas cosas incluso cuando no encajaban, y lo que te enseñaron que estaba disponible para ti refleja una etapa mucho más temprana de tu vida. Por eso tantas personas luchan por darse cuenta de que su trabajo, carrera, negocio, lo que pensaban que era el camino, no es para ellas. A menudo buscan otra estructura, otra caja en la que encajar porque, en especial si naciste antes de los noventa, escuchaste mucho sobre subir en la escala social y conseguir un trabajo bueno y estable. Es muy parecido a cuando las personas dicen que quieren dejar sus relaciones y sus amigos les preguntan: «¿Te están golpeando? ¿Te están engañando?». Había una actitud de que debías aguantar en las situaciones por cualquier pequeño beneficio que pudieran ofrecer o a menos que sucediera algo realmente malo.

También nos han condicionado a creer que se supone que debemos trabajar hasta los huesos, hasta la jubilación y luego podemos decir *no* a ciertas cosas y disfrutar de nuestra vida. Lo que no consideramos es que después de vivir y trabajar como si fuéramos máquinas y atendiendo a todos los demás, es posible que no tengamos la salud o la energía para disfrutar de nuestra vida. ¿Qué tal si somos un poco más intencionales y delimitamos y comenzamos a disfrutar de nuestras vidas ahora?

La forma en que vemos el problema es el problema y el desafío. Pensamos que se supone que no deberíamos estar experimentando un problema en ese caso específico y/o que, dado quiénes somos y lo que creemos que hemos hecho, no deberíamos tenerlo. Los desafíos, incluidos los problemas, están ahí para hacernos saber dónde hay un defecto en nuestro pensamiento, actitud o acciones, pero también para ayudarnos a crecer un poco más. Sé que a veces es molesto. Queremos que nos dejen en paz y no tener que ceder. Y podemos esquivarlo, pero con el tiempo tenemos que discernir nuestro *no* para poder abrirnos a nuestro feliz *sí*.

Aquí hay algunas preguntas que te ayudarán a descubrir qué está pasando:

- ¿De qué es una metáfora este desafío? ¿En qué otro lugar he sentido, pensado y actuado de manera similar? ¿La forma en que he manejado esto en particular habla de cómo manejo otras cosas?
- ¿Qué estoy tratando de conseguir o evitar? ¿Qué rol estoy jugando en esta dinámica?
- ¿Dónde evito ser directo y tratar de descargar mi responsabilidad en la otra persona?
- ¿Dónde no me he escuchado? ¿Qué he negado, racionalizado, minimizado y excusado?
- ¿Dónde volví a un viejo *no* porque estaba aburrido, solo, cachondo, hambriento, cansado, o algo así?
- ¿Dónde he basado mis expectativas sobre mí o sobre los demás en el cuadro que he pintado en mi mente en lugar de en la realidad? ¿Dónde espero que la gente piense de la misma manera o haga las cosas como yo, aunque no sean yo?
- ¿Quién, a pesar de que digo *no*, no lo entiende y qué significa esto? Si corresponde, ¿dónde tengo que decir *no* o «¡por supuesto que *no*!»?
- ¿Qué me muestra este desafío (si es que me muestra algo) acerca de dónde me he comportado dándome poca importancia y me he subestimado?
- ¿Lo que he estado haciendo en este caso refleja mi yo

real o una identidad que estoy tratando de retratar?
¿Cómo eso me está causando problemas?

- ¿Quiero lo que digo que quiero? Si es así, ¿a qué tendré que decir *no*, aunque eso signifique sentirme muy incómodo e inseguro por un tiempo?

- ¿Cuál es el límite que este desafío me dice que debo crear?

¿Qué necesitas dejar ir?
¿A qué puedes decir que sí si te permites decir no?

Recuerda: si dices *no*, te perdonarás a ti y a la situación al tener mejores límites que antes.

Las frustraciones repetidas apuntan a un proceso, una regla personal o algo que puedes crear o hacer que te hará la vida más fácil. Estos te ayudan a comunicar inmediatamente tus límites, decir no o administrar tu ancho de banda mental. Por ejemplo:

- Bloquear el tiempo sin interrupciones en tu calendario.

- Configurar tu teléfono para que active de forma automática «No molestar» todas las noches.

- Una regla personal de no decir *sí* a ciertos tipos de solicitudes o de dejar de decir *sí* una vez que notes cierto sentimiento.

- Un documento, vídeo o página en tu página web que explique el proceso y comunique las expectativas o lo que está disponible (o no).

Adopta límites saludables

- Si bien los estallidos pueden resultar muy desagradables durante y después, son nuestros momentos decisivos. Las cosas tendrán que cambiar y nosotros también lo haremos debido a esto, y por eso habrá duelo porque pensamos que como éramos es la única manera en que podemos ser, pero somos mucho más.

- La decepción está ahí para enseñarte que hay expectativas más saludables, de ti y de los demás.

- Con solo notar el ser complaciente, estás notando las llamadas de advertencia de hacia dónde te están llevando esas luces amarillas y rojas. Al prestar atención a dónde estás haciendo esto, puedes intervenir de forma consciente y hacer ajustes. Puedes preguntar: «¿Qué me pasa? ¿Qué está pasando aquí?».

- Reconocer que algo no funciona y decir *no* no es un fracaso, es un éxito. El «fracaso» sería fingir que no está sucediendo, continuar tratando de obtener un retorno de la inversión y hacerte sufrir, impidiéndote obtener lo que necesitas de esta situación y llevar tu nuevo discernimiento a otro lugar.

- La decisión correcta no siempre te hace sentir bien de inmediato, especialmente cuando estás acostumbrado a decir que sí ignorando lo mal que te sientes o lo equivocado que es decirlo. Sé amable contigo y ten cuidado con los pensamientos catastróficos y las historias que te cuentas sobre cómo reaccionarán los demás o qué significan tus sentimientos.

- A veces recibirás rechazo a tu *no*, no porque esté mal, sino para refinar los puntos de referencia (compasión, congruencia, claridad, gracia y propiedad) y también para asegurarte de que te tomas en serio quién dices ser y quién quieres ser. Si puedes decir *no* y honrarlo solo en condiciones perfectas donde todos consienten, te rendirás más rápido que una silla de jardín rota en el momento en que percibas el más mínimo olor a lo inevitable de la vida, ansiedad o estrés.

- Crea límites en lugar de construir muros. Es muy fácil encerrarte en ti y volverte cauteloso y a la defensiva cuando te enfrentas a estallidos y desafíos, pero estos son muros que te defienden contra el pasado y expresan dónde aún no te has perdonado. Está bien, pero encuentra el límite, encuentra el *no*, para poder avanzar con amor, cuidado, confianza y respeto en lugar de sospechas.

- Hay muchas personas que no utilizan tus vulnerabilidades y, sí, tus debilidades en tu contra, que se sienten incómodas explotándote porque son conscientes de sus propios límites. Ven tu incomodidad con los límites y aun así te tratan con amor, cuidado, confianza y respeto. Di *no* y permítete tener más límites para que puedas forjar y disfrutar de relaciones íntimas.

Solución de problemas «no»

Empecé a decir *no* y ahora me parece que todo lo que hago es sentir, y es muy incómodo y crudo. ¿Va a ser siempre así?

Las emociones enterradas no desaparecen, causan estragos. Pero no confundas la avalancha inicial de sentimientos (después de evitarlos) con tus sensaciones en general. Claro, tus emociones se intensifican cuando las reprimes. Pero avanzan demasiado rápido cuando te permites sentir y dejas de ser su rehén. Estos sentimientos con los que estás luchando no son una declaración permanente del futuro. Habrá un cambio de tendencia, se modificarán y fluirán.

De verdad quiero superar un suceso doloroso con límites más saludables, pero me siento estancado pensando en lo que ocurrió. ¿Qué pasa?

Si todavía te sientes mal por algo es por las historias falsas que te estás contando sobre lo sucedido. De lo contrario, esos sentimientos habrían evolucionado una vez que hubieras sido más sincero. Si te estás culpando y avergonzando, si estás haciendo algo por no ser lo suficientemente bueno, todavía no estás siendo sincero contigo. Ten cuidado de no tratar el fracaso o el dolor como un reflejo de algo inmutable. Solo puedes ver el tramo inmediato por delante de un camino mucho más largo, así que sé amable contigo.

Hice algo que refleja quién soy en lugar de ser complaciente, y a las personas no les gustó. ¿Seguramente esto significa que necesito repensar lo que estoy haciendo?

No bases tu percepción de la validez del *no* o de tus límites solo en cómo reaccionaron otras personas porque eso puede ser muy engañoso. Si yo hubiera basado decir *no* y tener los límites en una sola respuesta, tal vez no me habría molestado otra vez y habría decidido que la gente no podía soportarlo y que no valía la pena el dolor de cabeza. Pero dije que *no* otra vez, ¿y adivina qué? O no tuvieron ningún rechazo o, incluso si lo tuvieron, mi *no* seguía siendo válido. Además, las personas no pueden tomarse en serio los límites, incluido quién eres, si sigues cortándolos y cambiándolos. Sigue mostrándolos para que sepan qué esperar y puedan adaptarse de forma gradual.

¿Qué haces cuando te das cuenta de que podías hacer las cosas de otra manera?

Ahora que te entiendes mucho mejor y reconoces dónde tenías miedo o dónde te sentías mal preparado para manejar conflictos y otros desafíos, es posible que te arrepientas. Experimentarás dolor por lo que no sabías y por quién hubieras sido si tan solo... Puede que no estés donde pensabas que estarías ahora. Está bien sentirse molesto por eso, pero di *no* a perderte en esos pensamientos. Aprópiate de lo que has aprendido para avanzar con límites en lugar de seguir lamentándote por lo mismo que vuelve a ti en diferentes formas a través de nuevos desafíos. Estabas en un lugar diferente en aquel entonces y no puedes saber lo que no sabes. Tu arrepentimiento disminuirá si cuidas bien de tu yo más joven y le muestras compasión y empatía a través de mejores decisiones y límites ahora y en el futuro.

Alguien en mi vida está buscando una segunda oportunidad y no estoy seguro de querer concedérsela, pero siento que debería hacerlo, en especial porque ahora tengo mejores límites.

Quita el «debería» de la ecuación y reconoce que no estás seguro o no quieres hacerlo. Reconoce qué esperas obtener a cambio (si es que esperas algo) o evitar si sigues adelante. Si esa persona no tiene límites saludables y espera que te comprometas con tu nivel anterior de límites, es solo cuestión de tiempo hasta que se convierta en dolor y problemas. Tu intención puede ser dar otra oportunidad, mostrar apoyo, pero el resultado es que esa persona lo interpretará como una luz verde para volver a crear el mismo problema. De forma consciente o no, si continúas repitiendo la situación, seguirás obteniendo los mismos resultados no deseados porque estás demasiado concentrado en cómo quieres que los demás (y tú mismo) te vean.

Le dije *no* a alguien a quien por lo general no se lo digo, y me insultó/aisló/trató de hacerme sentir muy mal. ¿Qué hago?

Si alguien se enfada porque dijiste *no* o porque priorizas el cuidado de tus límites y conoces tus responsabilidades, eso es una señal de que tu *no* ya estaba tardando. El bufet del *sí* está oficialmente cerrado.

Conclusión

Si no dices *no* (o no te das cuenta de que lo necesitas), la vida te obligará a decirlo de todos modos. Lo hará por ti a través de los límites de otras personas o la culminación de varias decisiones evitadas y *noes* que se unen, por lo general, en un momento muy inconveniente, y te obligarán a hacer cambios.

Es como si la vida, o como me gusta llamarla, Maestra vida, te mirara y dijera: «Mmm, ¿cómo le va a [tu nombre]? ¿Está siendo más auténtico? Bueno, mira aquí. Tiene esto, esto y esto y no dice no aunque de verdad lo necesite o quiera. Bien, entonces, ¿cómo podemos cambiar las cosas para que pueda avanzar hacia reivindicar la vida, el yo que es realmente suyo? ¿Qué necesitamos darle a [tu nombre] para ayudarlo a resolver esto y que pueda aprender lo suficiente para avanzar y salir de este patrón?».

Y si ciertas lecciones surgen una y otra vez por medio de los desafíos y las sigues posponiendo o esquivando, esos *noes* que has evitado explotan de alguna manera.

> Al recibir el *no* de cosas a las que *no* dirías *no*, te ves obligado a decir finalmente *no* para poder decir también *sí*.

A veces te encontrarás luchando contra un *no* colectivo, como lo hicimos todos con la pandemia. Los humanos necesitábamos reducir el ritmo, observar cómo vivíamos nuestras vidas, decir *no*, pero siempre teníamos algo más que hacer. Y luego ocurrió la pandemia y, de repente, todo cambió cuando la mayor parte del mundo quedó confinado. Fue una parada dura. Muchos, incluso si estuvimos bien en el sentido de no perder nuestro trabajo, salud o un ser querido, incluso si disfrutamos de ciertos aspectos de la desaceleración, todavía lo encontramos difícil. Para aquellos que confiábamos en el ritmo de nuestras vidas para evitarnos a nosotros no tuvimos el gimnasio, el bar, el trabajo o las cosas de los demás a las que escapar; incluso si no estábamos trabajando desde casa, es posible que el bloqueo nos haya limitado en términos de con quién podíamos conectarnos o qué podíamos hacer. Algunos, aunque nos haya llevado un tiempo darnos cuenta, sentimos alivio. Al final tuvimos una salida a todos los *síes*. En otros casos, la pandemia hizo que algunos aspectos de nuestras vidas fueran tan inhabitables, tan insostenibles, que finalmente dijimos *no* y nos alejamos de lo que no nos funcionaba. La pandemia nos obligó a afrontar nuestras relaciones con obediencia y cumplimiento, algo que probablemente tendremos que hacer durante algunos años.

Aprenderás dónde necesitas decir *no* en experiencias deseadas y no deseadas: nacimiento, muerte, pérdida, intimidación, acoso, menopausia, discapacidad, niños que crecen y luego abandonan el nido, comenzar una nueva relación, compromiso, matrimonio, rupturas, enfermedades, logros y reconocimiento, conseguir algo muy ansiado, que un padre tenga que quedarse contigo, convertirte en el cuidador de un familiar enfermo, finalmente reconocer algo sobre ti después de años de enmascararlo, consecuencias, fracasos y errores, alegrías más allá de tus sueños más locos, relaciones superadas, cambios corporales, movimientos, *vida*.

A veces obtendrás lo que pensabas que querías y te darás cuenta de que no es para ti, y tendrás que reconciliarte con este conocimiento y actuar. Y otras veces, no obtendrás algo que deseabas en la forma que esperabas (o en absoluto), y será doloroso.

Estos hechos aclararán o revelarán aspectos de ti. Podrían revelar prejuicios inconscientes que te hagan sentir muy incómodo con el descubrimiento, pero también más despierto. Te alinearás con tus preferencias en lugar de con una programación antigua y obsoleta.

Las personas y situaciones que te recuerdan a otras de tu pasado te invitarán a ver lo que antes no podías, aunque creías que lo habías visto y conocido todo. La vida te presentará viejos *síes* y viejos *noes*, aunque pensabas que ya habías terminado y que esa persona o cosa ya no te molestaba. Y eso no se debe a que no hayas hecho el trabajo, sino a que estos hechos son oportunidades para llorar de forma más profunda, llorar desde nuevos ángulos, abrazar la alegría. No has afrontado todas las situaciones posibles, entonces, ¿cómo podrías haber «terminado con eso»?

Si dices que no te gusta algo en particular o que algo es una prioridad, Maestra vida te *presentará* situaciones, *síes* y *noes*, que te pondrán a prueba.

Maestra vida no está tratando de atraparte y convertirte en un tonto; está tratando de ayudarte. Si dices que eres un determinado tipo de persona o que necesitas o quieres algo, tendrás que identificar a qué necesitas decir *no* para que lo respaldes. De lo contrario, lo que dices es un embuste. Tus acciones no coincidirán con tus palabras, con tus intenciones ni con cómo te sientes realmente por dentro. Es como cuando las personas me dicen que están listas para una relación seria, pero luego están en una relación casual y son ambiguas acerca de quiénes son y qué necesitan y quieren mientras quieren ser complacientes con la esperanza de que la persona diga: «¡Claro! Ha hecho todo lo posible y me ha dejado hacer lo que quiero. Esto debe significar que es el amor de mi vida y necesito brindarle una relación». Eso no tiene sentido.

Las personas siempre estamos de duelo porque de forma constante dejamos ir algo, incluso cuando no nos damos cuenta. Para evolucionar y crecer, significa que tenemos que dejar de lado algunas cosas para ganar otras. Experimentamos el crecimiento del dolor.

Ser complaciente nos impedía llorar de manera saludable porque no nos permitía sentir y, por lo tanto, no podíamos procesarlo. En lugar de ser un dolor relativamente limpio, se convirtió en un dolor sucio debido a toda la evitación y autolesión que trajo como resultado.

Si seguimos reservando la expresión de nuestros sentimientos, la expresión de nosotros, para situaciones de emergencia, para usarla contra la gente cuando queremos cobrar la deuda de complaciente, estos sentimientos nos tomarán (a nosotros y a los demás) por sorpresa y siempre sin límites, incluso si nuestros *noes* o nuestras preocupaciones sobre los problemas son válidos.

La soledad es lo que experimentamos cuando dejamos de expresar nuestros sentimientos y pensamientos más íntimos tanto a nuestros seres queridos como a nosotros. Nos sentimos a la deriva y aislados de forma emocional, aunque estemos rodeados de gente. Expresarnos nos vuelve a conectar y así seguimos reclamando nuestro *no* para decir *sí* a la vida.

Cuando nos permitimos sentir nuestros sentimientos y reconocerlos y expresarlos a través de nuestro *sí, no* o *tal vez*, no solo evolucionaremos nuestra comunicación y nos sentiremos más seguros al decir *no*, sino que no nos sentiremos pillados por sorpresa o como rehenes por nuestros sentimientos. No nos sentiremos aislados y solos. También podremos confiar en nuestros *síes* y aprender de aquellos momentos en los que, en retrospectiva, queda claro que necesitábamos decir *no*.

Al ser más auténticos con nuestro *sí*, el duelo y el procesamiento de nuestro bagaje emocional se convierten en parte del tejido de nuestro día a día en lugar de pensar que tenemos que arreglarnos o probarnos a nosotros antes de poder decir *no* o tener miedo de lo que los desafíos de la vida revelan sobre nosotros. Nos sentimos más resilientes porque no estamos esperando a que explote la mierda para finalmente prestarnos atención a nosotros.

Maestra vida hará exámenes sorpresa. En ocasiones, complacerás a la gente y lo reconocerás solo en retrospectiva. Eso está bien. Aprenderás de eso. Reconoce lo que te preocupaba en ese momento para que puedas usar estos datos para ayudarte a tomar mejores decisiones. Créeme, tendrás la oportunidad de decir *no* de nuevo, ¡así que no necesitas preocuparte por el *no* que crees que se te escapó! Vuelve a seguir los pasos. Elije uno como opción y poco a poco haz los demás como una extensión natural del mismo.

Ser complaciente es un hábito que te ha acompañado la mayor parte de tu vida, o toda, por lo que está conectado con tu yo más joven y tu antigua identidad. Al abordar tu *no* y tus límites con compasión, no te despreciarás a ti mismo (incluido tu yo más joven) y reconocerás que has recorrido un viaje hasta este punto. Los estallidos se disiparán y serán pocas y espaciadas. Los desafíos se convertirán en señales, oportunidades, para que puedas mejorar tus límites. Los desafíos te enojarán. A veces dirás: «¿Qué quiere la vida de mí ahora? ¿No aprendí esto ya?». Y luego lo descubrirás poco a poco.

La vida te presenta personas y situaciones que te ayudarán a decir *no* para que puedas decir *sí* a una vida más pacífica, placentera, auténtica y alegre.

Las personas sentirán lo que van a sentir, pensarán lo que van a pensar y harán lo que van a hacer sin importar lo «bueno» que seas o cuánto intentes evitar que sientan malestar, por lo que también podrías continuar con la tarea de ser tú mismo desde un lugar de amor, cuidado, confianza y respeto por ti, así como por los demás.

Soy Natalie Lue, complaciente en recuperación y también soy más feliz y más yo que nunca.

«Ser tú» significa ser todo lo que serías y harías si no estuvieras tan ocupado tratando de complacer a los demás y poniéndote mil «deberías».

Cuando te das permiso para mostrarte de manera más auténtica, te abres a permitir que otros también lo hagan y ayudas a romper el ciclo de vergüenza y cumplimiento. Ve y sé más tú. Permítete encontrar la alegría de decir *no* para convertirte en mucho más de lo que jamás imaginaste.

Agradecimientos

Dios mío, de todos los capítulos, ¡pensé que escribir este sería muy fácil! En cambio, mi complaciente en recuperación dice «¡será mejor que no se te olvide nadie!...». Claro, escribo esto por deseo, no por obligación, así que ahí va.

Durante más de dieciocho años, he tenido la suerte de tener la oportunidad de compartir mis historias e ideas en línea con una audiencia amorosa y generosa en todo el mundo. Gracias, «Reclaimers», por darme una carrera; por apoyar mi viaje de autoedición y comprar mis libros; y por confiarme vuestras historias y permitirme ayudaros a sanaros, crecer y aprender.

La industria editorial es dura. Tomé la decisión hace mucho tiempo de elegirme a mí y no esperar a que alguien me dé permiso para compartir mi trabajo o ser descaradamente yo misma. ¡Y gracias a Dios que lo hice porque llevaba diecisiete años en mi viaje de escritura cuando conseguí el contrato para publicar este libro en marzo de 2021! Por supuesto, todo a su debido tiempo. He experimentado algunos golpes dolorosos y recuerdo que, en otoño de 2018, llegué a esta clara resolución: «Estoy bien». Si el viaje editorial tradicional hubiera sido para mí, no iba a buscarlo. También tenía claro lo que necesitaba si se concretaba un contrato para un libro. Y en julio de 2020 lo conseguí.

Gracias a mis superagentes, Jan Baumer y Steve Troha, de Folio Literary Management. Son justo lo que necesitaba y quería, y es un placer trabajar con personas que no solo me «entienden», sino que inequívocamente me respaldan, me miran de reojo con cariño y siempre me hacen reír a carcajadas.

Gracias a Melissa y al resto del equipo de derechos de autores extranjeros, y un agradecimiento a Anna Goldfarb por entrevistarme para el artículo del *New York Times* que llamó la atención de Folio.

Gracias a la gente de Harper Horizon y HarperCollins. Andrea Fleck-Nisbet y Amanda Bauch, me encantó trabajar juntas y aprecio que hayan invertido en mí. Ambas se mostraron muy apasionadas por el libro y sus comentarios también me ayudaron a crecer como escritora. Gracias también a Matt Baugher, Meaghan Porter, Kara Brammer, Kevin Smith, John Andrade y Jeff Farr por darle vida al libro y sus esfuerzos de marketing y relaciones públicas. Belinda Bass y Grace Cavalier, gracias por trabajar tan duro para llegar a la portada correcta. ¡Estoy encantada con ella! Themi Kartapanis en Reino Unido, eres un amor y gracias por ser una fuente de conocimiento y un gran conector.

Una gran parte de esta fase de mi viaje creativo es aprender a pedir más ayuda, así que gracias, Josephine Brooks, por tu gestión comercial en línea y todo lo que has hecho para preparar el lanzamiento del libro. Sé que a veces se requiere la paciencia de un santo, ¡ja, ja! Joanna Gorry, gracias por ser una asistente virtual fabulosa.

Rachel Coffey y Nikki Mellors, vosotras fuisteis las primeras personas en leer mi blog y no dudasteis dos veces en animarme. Rachel (y Sarah Grennan y Siobhan Cowler), gracias por los controles periódicos durante el proceso de escritura del libro. Gracias, Nikki, por ser siempre la primera persona en leer mis libros y por tus comentarios honestos.

Cate Sevilla, mi amiga que se ríe a carcajadas (a veces nos reímos tanto que creemos que nos vamos a hacer pipí), gracias por ayudarme durante todo el proceso de escritura del libro. Tus consejos y apoyo han sido invaluables.

Karen Arthur, mi G, mi compañera de baile y *famalam*, gracias por todas las charlas y por ser tan brillante.

Susanna Reid, eres una joya y gracias por tu firme apoyo a lo largo de los años, empujándome a probar la ruta editorial tradicional y nuestras profundas conversaciones.

Claire Archbold, aprecio mucho todo el trabajo que hemos hecho juntas a lo largo de los años y que lo digas como es. ¡Gánster!

Kat Molesworth, el oráculo, sabio y amante de los *gifs* de Nene Leakes, gracias. No creo que recibas suficiente reconocimiento por lo brillante que eres a la hora de ser genuinamente inclusivo. Mantente fabuloso y sigue «causando problemas».

Emma Gannon, gracias por las charlas y las risas durante la cena y por defender mi trabajo. Es genial tener a alguien con quien divertirse.

Gracias a la comunidad del Salón de Escritores de Londres por su apoyo. ¡Qué grupo tan increíble! Matt y Parul, gracias por darme tantos reconocimientos y ayudarme a sentirme orgullosa de mi viaje creativo.

Felicitaciones a Caitlin Schiller, Sally Page y el resto del equipo de Blinkist. Su pasión por *The Baggage Reclaim Sessions* es un gran impulso.

Gracias también a Natalie Gumede, Tabara N'Diaye, Jessica Huie, Ciara Shah, Luisa Omielan, Laura Hansen, Jessica Lauren, Rachael Lucas, Karen Cowell, Mima Lombardi, Tiffany Han, Nova Reid, Jenny Kakoudakis, Imriel Morgan, Salma Shah, Janet Murray, Helen Perry, Jolene Park, Tamu Thomas, Harriet Minter, Jenni Johnson, Jacqueline Colley, Sareta Fontaine y Uju Asika.

A Sonia Desiderio, te agradezco muchísimo haber decidido «hacer» kinesiología. Tú pones la bola en marcha. Gracias por contar siempre las cosas como son y ayudar a sanar mi cuerpo del estrés y el trauma acumulados.

Para mi mentor y acupunturista, Silvio Andrade, nunca imaginé que estaría escribiendo esto y que tú no estarías presente para celebrar el libro. Hombre, te extraño. Gracias por dejarme llorar tantas veces, fue muy gracioso, y por todos tus sabios consejos y comentarios irónicos que guardo cerca de mi corazón y hago todo lo posible por encarnar todos los días.

Jassmine James, Fiona Dilston y Mun Mah-Wing, gracias por ayudarme a sintonizarme conmigo misma y a aprender el poder de rendirme.

Beata Kallai-Kelbert, gracias por los masajes semanales de tejido profundo durante todo el proceso de escritura del libro y las maravillosas charlas.

Gracias a mi gran y loca familia. Sin los Lue, los Cohen, los Lauder, los McClean y todos mis antepasados, no estaría aquí y no sería yo.

A mamá «Mama» Pam y a mi difunto padre, Rupert, gracias por todo. Nuestras relaciones han sido complejas y accidentadas, pero no exentas de amor. Os veo y os escucho a ambos. En particular, mamá, aprecio cada sacrificio que hiciste para garantizar que tuviéramos una vida mejor que la tuya. Aunque te interesaba intensamente ser académica y producir resultados, por el contrario, eres la persona que me dio el amor por todo lo creativo. Eres grandiosa. Papá, estés donde estés, sé que estás orgulloso de mí... y que tu complaciente interior está sufriendo un ataque de pánico porque este libro altera las plumas de la familia. ¡Será grandioso! ¡Descansa en paz!

Como señaló mi travieso esposo, borracho, en su discurso de boda: «Me gustaría agradecer a los padres de Natalie... ¡Todos ellos!», entre risas de nuestros invitados, tengo más de dos padres. A mi padrastro, Mike, gracias por estar ahí y apoyar prácticamente cualquier cosa en la que mostré interés y plantar las semillas para ver el autoempleo como una oportunidad en lugar de algo que temer. A mi madrastra, Jen, gracias por el amor y por darme a mis hermanas rudas. Y gracias, Sylvia (ahora esposa de mi padrastro), por ser tan encantadora.

Gracias también a mis suegros, Emma y John, así como al difunto esposo de mi suegra, el «tío». Aunque no estén muy seguros de a qué me dedico en mi trabajo, sé que cuento con su apoyo.

Irlanda, te amo y gracias. Aunque no fue fácil crecer como una de las pocas niñas negras en los años ochenta y noventa, tú también me amaste y has tenido una profunda influencia en mí. Grandes agradecimientos a los Corbawn y Shankill, los Cowler, los Shankill O'Briens, Ballsbridge O'Briens, los Coffey, Gilsenans, Bonasses, Carvossos, Normans, Cussens, Bradys, Levins, Crowells, Jacksons y Carrolls. Gracias a mi directora favorita, la Sra. Carroll de Our Lady of Good Counsel, a la gente de Loreto Dalkey y a Tiggy de la Escuela de Arte de Tiggy. Hora de pasar lista: Cathy, Tara, Ciara «Beaver», Fiona, Grace, Irene, Pamela, Michelle, Nac y el resto de los Mellors, Brenda y la pandilla Cuby, Gigi, Kim, Carys y el clan, Claire, Sadie y Bella, Beth y compañía, Bianca, Matt y la pandilla, Marilyn, Anne-Marie, Dina, Victoria, Amanda, Maryam, Kalisa y Patricia, Kareem y Maheni, Venessa y Ollie, Jules y Hannah, David, Lorna, Becks, Eddie, Luciana «Lulu», Dino, Becky, Natasha, Anthony, Denis y Philip, os amo a todos.

Un saludo también al club de lectura de niñas Lue: la tía Sandra, Holly y Sam.

Richard «Richie Rich», cómplice del crimen desde 1979, gracias. Hemos pasado por muchas cosas y estoy muy feliz de habernos tenido el uno al otro. Y perdón por revelar tu edad real ahí mismo, ja, ja. Sean, Martin, Sam y Marie, los amo. Tenemos la suerte de tenernos los unos a los otros.

Felicitaciones a mis fabulosos cuñados, John, Ashley y Elliot.

A mis sobrinos y sobrinas, Kiah, Roman, Ace, Alex, Rishon, Lauryn, Ruibi, Lloyd, Keiko, Florence y Albie, gracias por ser vosotros mismos, brillantes y divertidos.

Para mi perro, Chester Alvin King Jaffe Joffer, no podía dejarte de lado porque nadie arrincona a Baby. Un gran amor, mi pequeño acosador.

A mis hijas, Saria y Nia, siempre me siento asombrada y honrada de ser su madre. Gracias por soportarme durante este proceso de escritura del libro. Os quiero.

Y a mi esposo y mejor amigo, Emmon, desde el comienzo de nuestra relación, tú fuiste un apoyo inquebrantable y nunca dudaste de mi visión o ambición. Como eres tú mismo sin pedir disculpas, me has dado permiso para florecer. Eres una alegría y te quiero.

Notas

CAPÍTULO 2

1. «Etymologeek», good etymology, https://etymologeek.com/eng/good/40896046; «Online Etymology Dictionary», *good* (adj.), https://www.etymonline.com/word/good.

2. Personal de Mayo Clinic, «Chronic stress puts your health at risk», *Mayo Clinic*, 8 de julio de 2021, https://www.mayoclinic.org/healthy-lifestyle/stress-management/in- Depth/stress/art- 20046037.

3. Felix Richter, «The Great Resignation record: How many americans left their jobs in November 2021?», *World Economic Forum*, 18 de enero de 2022, https://www.weforum.org/agenda/2022/01/the-great-resignation-in-numbers-record/; Rashida Kamal, «Quitting is just half the story: the truth behind the "Great Resignation"», *The Guardian*, 4 de enero de 2022, https://www.theguardian.com/business/2022/jan/04/great-resignation-quitting-us-unemployment-economy.

4. Nadine Burke Harris, *The deepest well: healing the long-term effects of childhood trauma and adversity*, Londres, Bluebird, 2018.

5. Center on the Developing Child, Harvard University, «Take the ACE Quiz—And Learn What It Does and Doesn't Mean», 2 de marzo de 2015, https://developingchild.harvard.edu/media-coverage/take-the-ace-quiz-and-learn-what-it-does-and-doesnt-mean/.

6. Jainish Patel y Prittesh Patel, «Consequences of Repression of Emotion: Physical Health, Mental Health and General Well Being», *International Journal of Psychotherapy Practice and Research 1*, n.º 3 (2019): 16-21, https://openaccesspub.org/ijpr/article/999; Margaret Cullen, «How to Regulate Your Emotions Without Suppressing Them», Greater Good Magazine, 30 de enero de 2020, https://greatergood.berkeley.edu/article/item/how_to_regulate_your_emotions_without_suppressing_them.

CAPÍTULO 5

1. Nadine Burke Harris, op.cit.; Vincent J. Felitti, *et al.*, «Relationship of Childhood Abuse and Household Dysfunction to Many of the Leading Causes of Death in Adults: The Adverse Childhood Experiences (ACE) Study», *American Journal of Preventative Medicine* 14, n.º 4 (1998): 245-258, https://www.ajpmonline.org/article/S0749-3797(98)00017-8/fulltext.

CAPÍTULO 6

1. Mélissa Godin, «Voluntourism: new book explores how volunteer trips harm rather than help», *The Guardian*, 10 de junio de 2021, https://www.theguardian.com/global-development/2021/jun/10/voluntourism-new-book-explores-how-volunteer-trips-harm-rather-than-help; Eric Hartman, «Why UNICEF and Save the Children Are Against Your Short-Term Service in Orphanages», Global SL Blog, Campus Compact, 5 de septiembre de 2014, https://compact.org/news/why-unicef-and-save-the-children-are-against-your-short-term-service-in-orphanages; Ranjan Bandyopadhyay, «Volunteer tourism and "The White Man's Burden": globalization of suffering, white savior complex, religion and modernity», *Journal of Sustainable Tourism* 27, n.º 3 (2019): 327–343, https://www.tandfonline.com/doi/abs/10.1080/09669582.2019.1578361.

CAPÍTULO 10

1   Ariana Orvell, et al., «Does Distanced Self-Talk Facilitate Emotion Regulation Across a Range of Emotionally Intense Experiences?», *Clinical Psychological Science* 9, n.º 1 (2021): 68-78, https://journals.sagepub.com/doi/abs/10.1177/2167702620951539.

CAPÍTULO 13

1. Gabby Bernstein, «How to use the Abraham-Hicks emotional guidance scale», GabbyBernstein.com, 2 de febrero de 2020, https://gabbybernstein.com/emotional-guidance-scale-abraham-hicks/.